古

迹

寻

踪

丛

书

亭樓臺閣

千姿百态的俊美

康桥 编著

上海辞书出版社

跨越千年 宛若初见

搜尽奇峰打草稿，幽亭古桥思千年。著名建筑学家梁思成认为，"建筑是人类一切造型创造中最庞大、最复杂、也最耐久的一类，所以它所代表的民族思想和艺术，更显著、更多面，也更重要"。

中国文化，博大精深。文化古迹，遍布中华。从古道西风的塞北，到杏花春雨的江南，到处是重楼飞阁、禅院道观、帝王陵墓、名人遗迹……

丰厚的文化遗产，吸引了世界的目光。清末民初，来自欧美和日本的探险家、旅游者和学者，包括瑞典人斯文·赫定、喜龙仁，英国人斯坦因，法国人沙畹、谢阁兰、伯希和，俄国人科兹洛夫、奥登堡，德国人李希霍芬、格伦威德尔，美国人亨廷顿，日本人大谷光瑞、伊东忠太、滨田耕作、关野贞、常盘大定、鸟居龙藏……纷纷从陆路或海路来到中国，深入各地，实地调查古迹遗存。时值照相技术兴起，他们拍摄了这些文物最早的珍贵照片，并撰写调查报告和研究著作，使这些史迹和文物进入世界的视野。

如此，20 世纪上半叶出现了有关中国文化古迹的"四大名著"：一是法国学者沙畹的《华北考古图录》(1909)，二是日本学者大村西崖的《中国美术史雕塑篇》(1915)，三是瑞典学者喜龙仁的《五至十四世纪中国雕塑》(1925)，四是日本学者常盘大定与关野贞合著的《中国文化史迹》(1939—1941)。其中，《中国文化史迹》图片最丰富、涉及史迹最多、解说最为详尽，可以说是集大成之作。

《中国文化史迹》比较全面地介绍了中国百年前有代表性的建筑、宗教、艺术等文化史迹。古建筑和园林艺术家陈从周说过："余治中国建筑史，初引以入胜者，其唯《中国文化史迹》诸书，图文并茂，考订精核，私淑焉，四十年来未能去怀。"

经历百年的时代巨变，《中国文化史迹》所反映的史迹和文物，已经有很大的变化，其中多数史迹和文物基本完好地保存至今，但也有相当部分由于各种人为或自然的因素，或已不存，或已损坏。

我们试图用最年久的老照片、最新撰写的文字，让广大读者能够分享这份珍贵的文化遗产，领略中国文化古迹之美，从而更加真切地感知中华文明的精粹。因此，我们策划了这套丛书。丛书分为四个主题：佛像、碑刻、古塔、亭台楼阁。

一方面，我们按照不同主题精选了《中国文化史迹》中的珍贵照片，包括一批反映地形地貌、建筑布局的线描图。回望百年前中国文化遗迹的最初影像，这些具有原始性、纪实性、现场性的百年旧影，所展现的古迹之美，震撼人心。

另一方面，我们按照四个主题，共精选了81个最具有代表性的古迹，以古迹生成时间为序，用最新创作的文字，从地理、历史、美学等角度，把读者带入各个文物现场，试图展现每一处古迹的来龙去脉，解析其千百年来所经历的战争摧残、风雨剥蚀、人为损坏、外人掠夺的沧桑岁月，总结历史人物在其中的作用，揭示历史的因果关系，描述现今的保存状况，并介绍考古方面的最新研究成果。

除此之外，我们还采用图文并茂的方式，介绍了相关的文化常识。

文化遗迹记录历史，述说沧桑，传承文明。1982年4月18日，国际古迹遗址理事会首次提出设立国际古迹遗址日。1983年11月，联合国教科文组织批准设立，并号召各成员国倡导和推行"4·18国际古迹遗址日"。2020年国际古迹遗址日的主题是"共享文化、共享遗产、共享责任";2021年主题是"复杂的过去,多彩的未来";2022年的主题是"遗产与气候";2023年的主题是"变革中的文化遗产"。中国拥有辉煌灿烂的文化遗产,是世界遗产数量最多的国家之一。在追求经济发展的大背景下,更需要共同守护好祖国的文化遗产,讲好中国故事,贡献中国智慧。

因此,我们盛情推出本套丛书,期待更多的人了解并重视我们的传统文化遗产,让源远流长的中华文化发扬光大。

序言

亭台楼阁、轩榭廊舫、殿观厅堂、坛馆斋桥，构成了丰富多彩的中国古代建筑样式。其中，亭台楼阁最为常见，最具代表性，也最具中国特色。

一亭一台、一楼一阁，与山水树木相结合，便可以独立成为一道独特的人文景观。更常见的是，亭台楼阁等各式建筑主次分明、互相呼应，共同构建出一处丰富多彩的园林。"无亭不园，无园不亭"，"无亭不成园，无亭不成景"，既具实用性、又具观赏性的园林建筑，是中国园林的基本配置。

仁者乐山，智者乐水。中国的造园，始于商周时期，已有3 000多年的历史，初时称为"囿"，就是在原有草木的基础上圈地放养禽兽，并挖池筑台，供帝王狩猎与游乐。根据史料记载，最早的园林是商纣王建造的沙丘苑台。其后，周文王建了灵囿。诸侯也有囿，但规模小，"天子百里，诸侯四十"。秦代，出现内囿与宫室结合的宫苑，秦始皇扩建咸阳宫，并增建六国宫、新建阿房宫等百余处宫苑。汉代开始，称为"苑"，发展成为一种以园林为主的帝王行宫，如汉高祖的"未央宫"、汉文帝的"思贤园"、汉武帝的"上林苑"，以及汉宣帝的"乐游园"等。汉代也出现了私家园林，如梁孝王的梁园，以及高官、富人的私园。魏晋南北朝时期，园林成为文人高士的隐逸之处，宫苑与寺观园林、自然山水园、私家园林同时发展。隋、唐、宋时期，则以宫苑与自然山水园为主，文人雅士自建小园，如王维的辋川别业、杜甫的浣花溪草堂、白居易的庐山草堂等。元、明、清时期，山水宫苑与江南私家园林达到成熟期与高峰期。

因此，中国古典园林有三大类型：皇家园林、寺观园林、私家园林。

从风格上看，中国园林地域特征明显，具体分为江南园林、岭南园林、蜀中园林与北方园林。后人公认的中国四大名园是：北京颐和园、河北承德避暑山庄、苏州拙政园和留园。

明末造园家计成写成中国古代造园专著《园冶》，强调园林意境的创造手法是"小中见大""须弥芥子""壶中天地"等。园林规模或许不大，但枝繁叶茂，幽深宁静。

中国园林是一种独特的艺术，综合了建筑、文学、书画、雕刻、工艺等艺术门类，以"虽由人作，宛自天开"为艺术原则，历史悠久，风格多样，技艺高超，在世界园林史上独树一帜，与欧洲园林、西亚园林并列为世界三大园林系统。

中国园林四大要素是叠山、理水、建筑、花木。四大要素相辅相成，构成立体诗画。

园林山水，浓缩了大自然的精华。山水最具自然神韵，古人在庭园的小天地中创造山水景观。

假山，有土石结合，也有纯由湖石与黄石叠成。叠石既互相咬合，又貌若天成，棱角嶙峋、造型奇峭，千姿百态，栩栩如生，给人留下充分的想象空间。假山之妙，既妙在抽象，也妙在写意，意态成形，假山是人格化的景观。随着季节变化，春见山容，夏见山气，秋见山情，冬见山骨；随着日光变化，则呈现出夜山低、晴山近、晓山高的美妙气象。

中国园林讲究"石是园之骨，水是园之脉"。山无水不活，水无山不灵。明朝园林家文震亨《长物志》有"一峰则太华千寻，一勺则江湖万里"的说法。一山囊括千山，涵盖石崖、绝壁、危径、幽谷、洞穴；一水象征江河湖海、溪涧池潭，体现出以简化繁，以少胜多。

台以高大为尚，亭以小巧取胜。各式各样的园林建筑，是园林的象征：拙政园的远香堂、留园的明瑟楼、网师园的月到风来亭与濯缨水阁、沧浪亭的沧浪亭……亭台楼阁、轩榭廊桥，与花石草木融为一体。在景观上，中国古典园林注重隔与藏，巧妙利用山冈、水池、小桥与各种建筑来划分空间，讲究的是"景露则境界小，景隐则境界大"，可谓无一笔不曲，无一笔不藏。观感是移步换景，游者步步移，景色时时新，常常欲扬先抑，才有柳暗花明。尤其是半遮半掩的花窗，成为四时景物的画框。建筑中古色古香的家具，造型各异，或简或繁，雕饰精美。

雕梁易构，古树难成。花木，是园林的生气所在。常见的花木，无论是梅兰竹菊四君子，还是松竹梅岁寒三友，都体现人赋品格，渲染深院幽庭的高雅气氛。各个园林在植物上各有特点，如沧浪亭的兰花、留园的牡丹和芍药、拙政园的荷花、个园的竹子。

山水，与四周的花草树木、亭台楼阁、粉墙黛瓦、栗柱灰砖、融为一体，"静、远、曲、深"，构成了美妙的意趣，营造出修身养性的和谐氛围，寄托着返璞归真的人生理想，从而构成了中国园林的基本格局。

方寸藏大美，须弥纳乾坤。中国园林是自然形势下的艺术品，源于自然又超越自然，是最适合人居的诗意天堂。而以亭台楼阁为代表的各式建筑，千姿百态，美不胜收，是其中的华彩乐章。

目录

相关文化常识

1. 亭

古人有"亭者，停也。人所停集也"的说法。亭是极富中国特色的建筑，也是最常见的园林建筑。式样与造型，可谓千姿百态，灵活多变，但都四周敞开，不设墙壁。按照所处区域，有路亭、驿亭、半山亭、碑亭、桥亭等；园林中则常有凉亭、观景亭、留杯亭等；按照形制，则有圆亭、方亭、六角亭、八角亭、十字亭、卍字亭、重檐亭、双亭、鸳鸯亭、扇形亭，此外还有三角亭、半亭等，美不胜收。厅中可安放石桌石凳，或者在亭沿建造带靠背的长椅，称"美人靠"。可以说，无亭不成园。

2. 台

台，是指高出平面的凸形地势或建筑，有自然形成与人为建筑两种，一般为方形，高而平，可用土或砖石筑成。台高，适合登高眺望，览江山胜景，抒发怀古幽情，寄托高洁志向，也可用于文人雅集。陈子昂有《登幽州台歌》，杜甫有《登高》，秦观更有"雾失楼台，月迷津渡"的名句。按照材料来分，有土台、石台、砖台等。

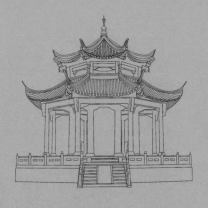

3. 楼

古称"重屋"，就是向上叠加的平房，有两层以上，以区别于平房。自古登楼是一件雅事，重阳节登楼更是千百年来的习俗。楼常常建于江山胜景附近，吸引游人登临，如岳阳楼、黄鹤楼等。

4. 阁

古人讲究"重屋为楼，四敞为阁"。阁是带有回廊的楼。古时，楼可以住人，阁用于储物，比如藏书，皇家藏书楼有文渊、文源、文津、文溯四阁。后世已经没有太大区分，但阁可以只有一层，而且多采用攒尖顶。

5. 轩

轩榭都是四面敞开的园林建筑，一般小巧精致，造型轻巧。轩可以是单体建筑，也可以是附属建筑。

6. 廊

廊是园林中最常见的建筑样式，指屋檐下的过道或独立有顶的通道，长而曲折，轻盈通透，虚实结合，本身就是一道风景。除了连接交通、加深层次、分割区域之外，还可以挡雨遮阳，可以移步换景，也可以小歇。按照形制，分为直廊、曲廊、复廊、回廊、单面廊、双面廊，此外还有抄手廊、爬山廊、叠落廊等；按照建筑材料，分为木廊、砖廊、石廊、竹廊等。斗折萦回的长廊，与高低起伏的云墙、婉转绵延的溪流、九曲盘旋的古树一起，连接深邃的历史文化。

7. 榭

四面敞开的园林建筑，不设实墙，小巧精致，造型轻盈。按照设置地点不同，榭分为木榭、花榭与水榭。靠近树木花草的称"木榭""花榭"，靠近水边的称"水榭"。一般是单体建筑。

8. 舫

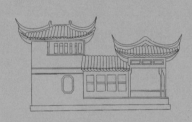

指不系舟，在水面上建造起来的船形建筑物，多为石质，让人近水，观赏水景。置身其中，宛若乘船远行，可游玩或宴请。

9. 斋

园林中的斋，用途较多，可以修身养性，可以居住，也可以作为儿童学习场所。一般设置在安静不被打扰的地方，并有高大树木掩映。

10. 殿

殿，一般用于皇家园林和寺观园林，不用于私家园林或公共景观园林。

殿的大小、形制，尤其是屋顶，有严格规定。

11. 厅

厅与堂，都是园林的主体建筑。厅有会客、宴会、行礼等理事功能，以区别于卧室与书斋，如花厅、议事厅、客厅，多作聚会、宴饮、赏景等，多有观景平台。

12. 堂

堂为单体建筑中居中、向阳而宽大的房间，是主人起居之所，也是社交活动的场所。堂与厅，没有本质区别，但也有把使用长方形木料的建筑称为"厅"，把使用圆形木料的建筑称为"堂"，故有"扁作厅"与"圆堂"的区别。

13. 坛

中国古代主要用于祭祀天、地、社稷等活动的台型建筑，如北京的天坛、地坛、日坛、月坛、祈谷坛、社稷坛等。坛的形体规整，色调简单庄重，外有高墙与大

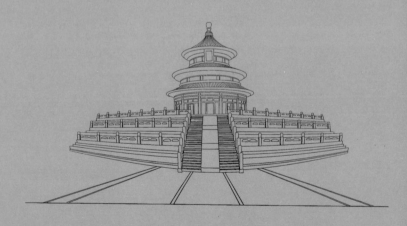

树阻隔。坛的形式多以阴阳五行、天圆地方之说为依据，如天坛、地坛的主体建筑分别采用圆形和方形。

14. 漏窗

园林墙体上隔而不断的漏空图案的窗孔。材质上由石、砖、木雕、瓦、陶瓷等砌成，增加层次感，避免单调乏味，营造出美妙的意境。常用琴棋书画、梅兰竹菊图案，寓意鲜明，代表君子的高尚品格。也有冰裂纹或者几何图案。

15. 太湖石

古称"花石"，产自太湖的奇石，是石灰岩因受水流冲击与腐蚀而成，原是大自然鬼斧神工形成的观赏石，用在园林中堆叠成假山，奇峰异石，玲珑剔透。太湖石讲究"瘦、漏、透、皱"：瘦，就是风骨挺拔；漏，就是血脉畅通；透，就是意态剔透；皱，就是姿态多样。四者结合，显得挺拔、灵秀、通达、多样。江南四大名石为：瑞云峰、冠云峰、玉玲珑、皱云峰。历史上，"宋朝采石，地平三尺"，指北宋时期，太湖石通过大运河运往东京（今河南开封），每十艘船编为一"纲"，故称"花石纲"。

16. 馆

馆，一般至少三间，可以是供客人居住的客馆，也可以是书房或者学堂，较少用作厅堂。为求安静，一般不设置在园林的中心部位。

17. 园与苑

园，原指游息的别院，现多指供人游玩、娱乐的公共场所；苑，是古代养禽兽植林木的地方，后来多指帝王或者诸侯游乐打猎的禁地。

18. 中国四大名园

1961年，国务院公布的第一批全国重点文物保护单位中，仅有的四座中国古典园林，是公认的中国最优秀的园林建筑，分别为江苏省苏州市拙政园、北京市海淀区颐和园、河北省承德市避暑山庄、江苏省苏州市留园。

19. 古典屋顶形制

中国古建筑屋顶造型最为丰富多样，主要有庑殿、歇山、悬山、硬山、攒尖、卷棚等形式。

20.《园冶》

明代造园家和造园理论家计成著，是中国第一本园林艺术理论专著，在长期造园实践的基础上，总结江南民居的特点，对造园艺术作出具体阐述。明崇祯四年（1631）成稿，崇祯七年（1634）刊行。全书共3卷，附图235幅。全书总结造园经验，反映了中国古代造园的成就，其"巧于因借，精在体宜；虽由人作，宛自天开"的造园理论，成为后世文人写意园林的宗旨。

商丘文雅台

孔子讲学的地方

文雅台位于商丘市睢阳区，在商丘古城城郭东南角内侧约 500 米处，是孔子当年路过宋国都城商丘停留讲学之旧址。原为台地，后人为了纪念孔子在台上讲学习礼，建有亭台楼阁。文雅台为梁园一景。

据《史记·孔子世家》记载："孔子去曹适宋，与弟子习礼大树下。宋司马桓魋欲杀孔子，拔其树。孔子去。"西汉初年，梁孝王刘武主持在孔子习礼处建起亭台楼阁，并邀司马相如、邹阳、枚乘、羊胜、公孙诡等

文雅台老子殿

文雅台伐檀坑

文士在此燕游雅集，互相唱和，"文雅台"因此得名。

文雅台，台高 1.5 米，南北长 150 米，东西宽 80 米，四周有沟池环绕，台上原建有纪念孔子的祠庙建筑百余间。清康熙二十年（1681），郡守胡国佐曾重修文雅台。

20 世纪后半叶，文雅台上曾办过小学、火柴厂、敬老院等机构。60 年代，文雅台上祭孔祠宇 100 余间清代以前的建筑，被破坏殆尽。

2003 年，在原址上重建文雅台部分建筑，如山门、大殿、习礼亭等。文雅台现有院墙一周，过厅三间，大殿三间，习礼亭一座。习礼亭六角重檐，亭内有一石刻《孔子行教像》碑，图为唐代著名画家吴道子所绘。习礼亭六面有六块横碑，据传为赵孟頫所书，此外还有历代名人碑刻 40 余通。另外，大门东侧院内，北屋门前，有八角形的伐檀坑，传说系桓魋伐檀树所留。

2006 年 6 月，文雅台被公布为商丘市市级文物保护单位。

与百年前的老照片相比，存放《孔子行教像》碑的六角亭经过重修，大体保持原来样式。文雅台分为南北两进院。《孔子行教像》残碑，现藏于商丘市睢阳区博物馆。

孔子与宋国

孔子（前551—前479），是我国春秋时期著名的思想家、政治家、教育家，儒家学派的创始人。孔子虽然出生在鲁国，但先祖为宋国人，相关资料可见于《史记·孔子世家》《孔子编年》《孔子家语》《阙里文献考》等。如《孝经·开宗明义章》记载："孔子，其先宋人也。宋湣公有子弗父何，长而当立，让其弟厉公。何生宋父周，周生世子胜，胜生正考父。正考父受命为宋卿，生孔父嘉。嘉别为公族，故其后以孔为氏……孔父嘉生木金父，木金父生睾夷父，睾夷父生防叔，避华氏之祸而奔鲁。防叔生伯夏，伯夏生叔梁纥，叔梁纥生孔子也。"

鲁定公十四年（前496），孔子带领弟子离开鲁国，开始为期14年的周游列国。鲁哀公二年（前493），孔子带领学生到达宋国，在此地短暂停留，并讲学。这就是历史上孔子"由鲁过曹适宋"的故事。

宋司马桓魋讨厌孔子，扬言要加害孔子。孔子与众弟子习礼于一棵高大的檀树下，桓魋命人砍倒大树，以吓唬并赶走孔子及其弟子。这就是"过宋伐檀"的典故。虽然宋景公最终还是接见了孔子，并问政于孔子，但孔子与弟子微服而行，离开宋国，经郑国到达陈国。孔子师徒在陈国被围困于半道，绝粮七日。最终，经子贡努力，楚国派兵迎孔子，孔子师徒才脱困。

孔子在附近的其他足迹

清康熙年间的《商丘县志·圣迹》载："孔子殷人也，当为宋人物之首。"孔子早年，为学习殷礼、祭祀先祖，常往来宋国；后为宣扬儒家学说，携弟子周游列国，多次过往宋国，在商丘留下活动的足迹，也留下很多历史典故，如过宋伐檀、微服过宋、匡城被围、芒砀避雨、寄岗鼓瑟、孔子让道、子路问津、石门寓贤等。

孔子的妻子，以及孔子的弟子原宪、司马耕等，都是宋国人。

后人为纪念孔子，建造孔子还乡祠。孔子先祖封地为河南夏邑县，孔子还乡祠位于今河南省夏邑县城北6千米的刘店乡王公楼村西侧。

永城有孔夫子避雨处及夫子庙。孔夫子避雨处，位于今河南省永城市东北33千米的芒山镇夫子山南麓，相传孔子周游列国途中曾在此避雨；后人为纪念此事，在孔夫子避雨处东南20余米处立碑，并建有夫子庙；永城龙岗，还有孔子先代故里碑。

常盘大定考察报告

日本学者常盘大定于1921年来此考察，并记录如下："文雅台位于归德县城东南一里处。相传，此地是孔子到宋国与弟子们在大树下习礼的地方。根据顾况的记载，梁孝王时期，邹阳、司马相如等人云集于此唱和，这就是文雅台的起源。关于此名的得来还有一种传说，即汉文帝的弟弟淮南王刘长将文人墨客召集于此而得名。由《归德府志》卷三十二可知，清顺治十五年（1658）知府邱正策将其重修。康熙年间（1662—1722）知府胡国佐、谈九叙相继对其进行了修补。如今（1921年11月25日），此台中心是孔子庙，后面有安放老子石像的殿堂，院子里有被命名为伐檀坑的水池。相传八角莲池是桓魋砍伐檀树的地方。孔子将弟子们召集到檀树下学习礼仪的时候，桓魋痛恨这棵檀树，将其砍伐了。孔子当时说：'天生德于予，桓魋其如予何。'然后离开了此地。据说伐檀坑是伐树的遗址。"

历代文士的梁园情结

千年以来，文人心中有"赏月要赏梁园月""梁园虽好，不是久恋之家"等俗语。梁园不但是文人墨客魂牵梦萦的地方，而且是他们心中的精神家园，由此形成了"梁园情结"。

西汉梁孝王刘武所营建的梁园，是一个古代宫殿建筑群，有曜华宫、忘忧馆、平台、蠡台、钓台、清冷台、三陵台、文雅台等。梁园纵横30余里，占地广阔，其规模之宏大，可与都城的上林苑媲美。

梁园，又名梁苑、菟园、睢园、修竹园，故址位于今河南省商丘市商丘古城东，原为梁孝王游赏延宾之所。史书上对此有详细记载：

《史记·梁孝王世家》："于是孝王筑东苑，方三百余里，广睢阳城七十里，大治宫室，为复道，自宫连属于平台三十余里。"

《西京杂记》："梁孝王好营宫室苑囿之乐，作曜华之宫，筑兔苑。园中有百灵山，山有肤寸石、落猿岩、栖龙岫，又有雁池，池间有鹤洲凫渚。其诸宫观相连属延亘数十里，奇果异树，瑰禽怪兽毕备。王日与宫人宾客弋钓其中。……其诸宫观相连属，延亘数十里。"

《太平御览》卷一五九引《图经》："梁王有修竹园，园中竹木天下之选集，诸方游士各为赋，故馆有邹、枚之号。又有雁鹜池，周回四里，亦梁王所凿。又有清泠池，有钓台谓之清泠台。"

《史记·梁孝王世家》记载了梁孝王招贤纳士的情况："招延四方豪杰，自山以东游说之士莫不毕至：齐人羊胜、公孙诡、邹阳之属。公孙诡多奇邪计，初见王，赐千金，官至中尉，梁号之曰公孙将军。"

文人雅聚，催生了优美的辞赋。西汉时期辞赋家枚乘所作《梁王菟园赋》，记载了当年的盛况："于是晚春早夏，邯郸、襄国、易涿之丽人及燕汾之游子，相与杂遝而往款焉。车接轸而驰逐，轮错毂而接服。腾跃之意未发，嬉游之欢方洽。心相扶夺，气怒不竭。羽盖繇起，被以红沬，濛濛然若雨委雪。高冠扁焉，长剑闲焉。左挟弹，右执鞭。日移乐衰，游观西园。复其所次，顾锡从者。从容安步，斗鸡走马。俯仰钓射，烹熬炮炙。极乐到暮，乐而不舍。"鲁迅先生在《汉文学史纲要》中评价道："天下文学之盛，当时盖未有如梁者也。"

后世文人，继承了西汉梁园文化，梁园逐渐成为文人雅士的逸兴遣怀之所。

文学史上，有李白、杜甫、高适三人同游睢阳的佳

话。杜甫写下《遣怀》："昔我游宋中，惟梁孝王都。名今陈留亚，剧则贝魏俱。邑中九万家，高栋照通衢。舟车半天下，主客多欢娱。白刃雠不义，黄金倾有无。杀人红尘里，报答在斯须。忆与高李辈，论交入酒垆。两公壮藻思，得我色敷腴。气酣登吹台，怀古视平芜。芒砀云一去，雁鹜空相呼。先帝正好武，寰海未凋枯。猛将收西域，长戟破林胡。百万攻一城，献捷不云输。组练弃如泥，尺土负百夫。拓境功未已，元和辞大炉。乱离朋友尽，合沓岁月徂。吾衰将焉托，存殁再鸣呼。萧条益堪愧，独在天一隅。乘黄已去矣，凡马徒区区。不复见颜鲍，系舟卧荆巫。临餐吐更食，常恐违抚孤。"杜甫还在《寄李十二白二十韵》中回忆李白："昔年有狂客，号尔谪仙人……醉舞梁园夜，行歌泗水春。"

李白自天宝三载（744）至十三载（754），四处游历，自称"一朝去京国，十载客梁园"（《书情题蔡舍人雄》）。李白写下《梁园吟》："我浮黄河去京阙，挂席欲进波连山。天长水阔厌远涉，访古始及平台间……梁王宫阙今安在？枚马先归不相待。舞影歌声散绿池，空余汴水东流海。沉吟此事泪满衣，黄金买醉未能归。连呼五白行六博，分曹赌酒酣驰晖。歌且谣，意方远。东山高卧时起来，欲济苍生未应晚。"

长期隐居此地的高适《宋中十首》其一："梁王昔全盛，宾客复多才。悠悠一千年，陈迹唯高台。寂寞向秋草，悲风千里来。"北宋梅尧臣《次韵和杨乐道待制》："梁苑孝王迹，灞陵游客心。"明代李梦阳《梁园雪歌》云："今为梁园客，独对梁园雪。"明末清初，侯方域与文友结雪苑社，称"雪苑六君子"，也写下很多吟咏梁园的诗篇。

由此可见，历代文士纷纷凭吊、歌咏梁园，形成梁园情结。

西汉梁园文化遗存

梁园曾有"七台八景"。历史上，"七台八景"的说法有多种版本。综合各种版本，"梁园七台"有十座台：文雅台、阏伯台、平台、蠡台、青陵台、清凉台、灵台、老君台、朱台、三陵台。

阏伯（契）是传说中的帝喾之子、帝尧的异母兄、商朝开国君主成汤的先祖。阏伯台，又称火神台，为古商丘都城一带的最高点，自古是商丘的象征。台下的土丘即阏伯始封之商丘，也是地名"商丘"的来历。至今，阏伯台保存较为完整。

平台，又称古吹台，位于今商丘市梁园区平台镇。相传为宋平公所筑，晋国音乐家师旷曾在此奏乐。西汉梁孝王建行宫，与文士到此常游。北魏地理学家郦道元《水经注·睢水》记载："平台，离宫所在，今城东二十里有台，宽广而不甚极高，俗谓之'平台'。"李白曾写下"天阔海远厌远涉，访古始及平台间"的诗句。目前遗址尚存。

清凉台，又名清泠台，原台高数丈，台下有"绿池"（又名清凉池、清泠池）。宋代改建为清凉寺，为千年古刹皇家寺院，坐落在今商丘市梁园区王楼乡境内，位于商丘古城西北 6 千米处。它是梁孝王构筑的梁园一景，至今保存完好、香火旺盛，还有藏兵洞、饮马井、皂角树、同心槐等景点。

三陵台，因有西周宋国三公（宋戴公、宋武公、宋宣公）的陵墓而得名，位于今商丘市梁园区王楼乡境内，商丘古城西北 9 千米处。西汉时期，梁孝王曾在此建起亭台楼阁，此后成为文人雅士的游览之地。2000 年，三陵台被列为省级重点文物保护单位。

"梁园八景"为百室呈芳、睢园绿竹、灵山落猿、龙岫烟云、雁池凫渚、西园宴雪、秦岭望乡、栖霞晚照。因历史上黄河泛滥，目前大多仅存遗址。

商丘县（今河南商丘市）从秦汉到明代，大部分时间名为睢阳，明嘉靖二十四年（1545）更名为商丘。自 1936 年起，中国考古学者就开始对商丘地区进行调查和勘查。1998 年，中美联合考古队正式发表《河南商丘县东周城址勘查简报》，认为"商丘地区处在历史上所称的黄泛区，自北宋末至清咸丰年间黄河南泛所引起的大量泥砂堆积，导致了大部分史前和历史时代的文化遗址被深埋于黄河冲积物之下"。

勘察结果表明：东周时期的古地面，目前在地下 10 余米。春秋时代的宋国故城（宋城）遗址城墙 12 985 米，面积为 10.2 平方千米。而令人瞩目的西汉睢阳城遗址，"根据钻探结果，睢阳城址的城墙周长为 5 320 米，面积约 1.78 平方千米，稍大于今商丘县城"。而目前所见的商丘县城，是明弘治十六年（1503）后新建的，"位于宋城故址东北部，明初睢阳城之北"。

1986 年，商丘古城被列入全国第二批历史文化名城名单。1996 年，商丘古城被列入全国重点文物保护单位名单。商丘古文化旅游区是国家 AAAA 级景区。

岳阳楼

集忧乐于一身的名楼

岳阳楼全景

　　岳阳楼，位于岳阳古城西门城墙上，前望君山，下瞰洞庭，自古有"洞庭天下水，岳阳天下楼"的美誉。

　　1988年1月，被国务院公布列入第三批全国重点文物保护单位名单，列为国家重点风景名胜保护区。2005年，入选湖南十大文化遗产。现为国家AAAAA级旅游景区。

　　岳阳楼有"天下第一楼"之称，与湖北武汉黄鹤楼、江西南昌滕王阁并称为"江南三大名楼"；这三大名楼，与山西永济的鹳雀楼，并称"古代四大名楼"；同时，岳阳楼也是"中国十大历史文化名楼"之一。

跨越千年历史的岳阳楼

　　岳阳楼始建于东汉建安二十年（215），是东吴鲁肃训练水师的阅兵台，

当时称为"巴陵城楼"，东晋时期被毁。

南朝宋元嘉三年（426），重修巴陵城楼，不复为军事设施，而变成观赏楼；十六年（439），扩建郡城时修葺巴陵城楼。

唐贞观年间（627—649），巴陵城楼得到重修与扩建，楼阁初具规模；开元四年（716），中书令张说继续扩建，改称"南楼"，又名"岳阳城楼"；天宝年间（742—756），再次重修；其后，李白赋诗《与夏十二登岳阳楼》，从此定名"岳阳楼"，岳阳楼也进入了唐诗，其中最脍炙人口的是：孟浩然《望洞庭湖赠张丞相》、杜甫《登岳阳楼》、元稹《岳阳楼》、白居易《题岳阳楼》、李商隐《岳阳楼》等。

北宋时期，庆历五年（1045），岳州知军州事滕子京重修岳阳楼，但于元丰元年（1078）毁于火灾；元丰二年（1079），岳州代理知军州事郑民瞻重修。崇宁三年（1104），岳州知军州事孙勰重修。

南宋时期，岳阳楼三次遭遇火灾，损失严重，但随后都得到重修。元至元年间（1264—1294），也有一次重修。明代有 7 次大修，两次雷火焚毁，一次毁于兵火。

清代岳阳楼两次毁于兵火，两次毁于大火，一次毁于城门倒塌，一次毁于洪水，不过都很快得到重修，并先后修建了斗姆阁、仙梅亭、景燕楼、三醉亭、仙梅亭、宸翰亭。清代最后一次重修是光绪六年（1880），岳州知府张德容主持，将楼址东移 6 丈有余，楼基更为稳固。同时，加固了楼顶的琉璃筒瓦、楼前石砌泊岸和城墙雉堞。

民国时期，两次被毁，两次重修。

1950 年、1952 年、1955 年、1957 年，多次整修。

1958 年，岳阳楼管理所正式成立。此后，于 1962 年、1970 年全面重修岳阳楼。1983 年，落架大修，保留了 55% 以上构件原物，于 1984年竣工并对外开放。

2022 年 6 月 17 日，"天体数藏"平台独家首发"宋代岳阳楼"数字藏品。

纵观岳阳楼 1 800 多年历史，就是一部浴火重生的历史。经历过数不清的天灾人祸，历代当地官员屡废屡修。有学者考证，岳阳楼在历史上至少修过 51 次，重建过 24 次。

岳阳楼的历史，串连起了鲁肃、李白、杜甫、滕子京、范仲淹……直到今天的我们。

历代诗词中的岳阳楼

"杜诗范文高千古，山色湖光并一楼。"历代文人在岳阳楼留下了不朽的诗篇。

李白《与夏十二登岳阳楼》

楼观岳阳尽，川迥洞庭开。

雁引愁心去，山衔好月来。

云间连下榻，天上接行杯。

醉后凉风起，吹人舞袖回。

孟浩然《望洞庭湖赠张丞相》

八月湖水平，涵虚混太清。

气蒸云梦泽，波撼岳阳城。

欲济无舟楫，端居耻圣明。

坐观垂钓者，徒有羡鱼情。

杜甫《登岳阳楼》

昔闻洞庭水，今上岳阳楼。

吴楚东南坼，乾坤日夜浮。

亲朋无一字，老病有孤舟。

戎马关山北，凭轩涕泗流。

元稹《岳阳楼》

岳阳楼上日衔窗，影到深潭赤玉幢。

怅望残春万般意，满棂湖水入西江。

白居易《题岳阳楼》

岳阳城下水漫漫，独上危楼倚曲阑。

春岸绿时连梦泽，夕波红处近长安。

猿攀树立啼何苦，雁点湖飞渡亦难。

此地唯堪画图障，华堂张与贵人看。

岳阳楼

李商隐《岳阳楼》

汉水方城带百蛮，四邻谁道乱周班。

如何一梦高唐雨，自此无心入武关。

滕子京《临江仙·巴陵》

湖水连天天连水，秋来分外澄清。君山自是小蓬瀛。气蒸云
梦泽，波撼岳阳城。　　帝子有灵能鼓瑟，凄然依旧伤情。微闻
兰芷动芳馨。曲终人不见，江上数峰青。

周弼《岳阳楼》

凭高望尽寂寥天，与我闲情共渺然。

平展暮云三百里，积停春水二千年。

沙洲横渡荆江雨，石塔遥分岳麓烟。

老我未闻飞剑术，想须今度遇回仙。

杨基《岳阳楼》

春色醉巴陵，阑干落洞庭。

水吞三楚白，山接九疑青。

空阔鱼龙气，婵娟帝子灵。

何人夜吹笛，风急雨冥冥。

钱大昕《岳阳楼》

杰阁出城墉，惊涛日夜春。

地吞八百里，云浸两三峰。

已极登临目，真开浩荡胸。

不因承简命，那便壮游逢。

范仲淹《岳阳楼记》

庆历四年春，滕子京谪守巴陵郡。越明年，政通人和，百废具（通"俱"）兴。乃重修岳阳楼，增其旧制，刻唐贤今人诗赋于其上，属予作文以记之。

予观夫巴陵胜状，在洞庭一湖。衔远山，吞长江，浩浩汤汤，横无际涯。朝晖夕阴，气象万千。此则岳阳楼之大观也，前人之述备矣。然则北通巫峡，南极潇湘，迁客骚人，多会于此，览物之情，得无异乎？

若夫淫雨（通"霪雨"）霏霏，连月不开，阴风怒号，浊浪排空。日星隐曜（一作"隐耀"），山岳潜形。商旅不行，樯倾楫摧，薄暮冥冥，虎啸猿啼。登斯楼也，则有去国怀乡，忧谗畏讥，满目萧然，感极而悲者矣。

至若春和景明，波澜不惊，上下天光，一碧万顷，沙鸥翔集，锦鳞游泳，岸芷汀兰，郁郁青青。而或长烟一空，皓月千里，浮光跃金，静影沉璧；渔歌互答，此乐何极！登斯楼也，则有心旷神怡，宠辱偕忘，把酒临风，其喜洋洋者矣。

嗟夫！予尝求古仁人之心，或异二者之为，何哉？不以物喜，不以己悲。居庙堂之高，则忧其民；处江湖之远，则忧其君。是进亦忧，退亦忧。然则何时而乐耶？其必曰"先天下之忧而忧，后天下之乐而乐"乎！噫！微斯人，吾谁与归？

时六年九月十五日。

袁中道《游岳阳楼记》

洞庭为沅湘等九水之委，当其涸时，如匹练耳；及春夏间，九水发而后有湖。然九水发，巴江之水亦发，九水方奔腾皓淼（通"浩渺"），以趋浔阳；而巴江之水，卷雪轰雷，自天上来。竭此水方张之势，不足以当巴江旁溢之波。九水始若屏息敛衽，而不敢与之争。九水愈退，巴江愈进，向来之坎窦，隘不能受，始漫衍（通"蔓延"）为青草，为赤沙，为云梦，澄鲜宇宙，摇荡乾坤者八九百里。而岳阳楼峙于江湖交会之间，朝朝暮暮，以穷其吞吐之变态，此其所以奇也。楼之前，为君山，如一雀尾炉，排当水面，林木可数。盖从君山酒香、朗吟亭上望，洞庭得水最多，故直以千里一壑，粘天沃日为奇。此楼得水稍诎，前见北岸，政须君山妖蒨，以文其陋。况江湖于此会，而无一山以屯蓄之，莽莽（通"茫茫"）洪流，亦复何致。故楼之观，得水而壮，得山

岳阳楼局部

而妍也。

游之日，风日清和，湖平于熨，时有小舫往来，如蝇头细字，着鹅溪练上。取酒共酌，意致闲淡，亭午风渐劲，湖水汩汩有声。千帆结阵而来，亦甚雄快。日暮，炮车云生，猛风大起，湖浪奔腾，雪山汹涌，震撼城郭。予始四望惨淡，投箸而起，怆然以悲，泫然不能自已也。昔滕子京以庆帅左迁此地，郁郁不得志，增城楼为岳阳楼。既成，宾僚请大合乐落之，子京曰："直须凭栏大哭一番乃快！"范公"先忧后乐"之语，盖亦有为而发。夫定州之役，子京增堞籍兵，慰死犒生，边垂（通"陲"）以安，而文法吏以耗国议其后。朝廷用人如此，诚不能无慨于心。第以束发登朝，入为名谏议，出为名将帅，已稍稍展布其才；而又有范公为知己，不久报政最矣，有何可哭？至若予者，为毛锥子所窘，一往四十余年，不得备国家一亭一障之用。玄鬓已皤，壮心日灰。近来又遭知己骨肉之变，寒雁一影，飘零天末，是则真可哭也，真可哭也！

诗与画上的岳阳楼形制

历史上岳阳楼建筑形制的演变，古籍记载甚少。因此，一方面要通过诗文的描写去想象，另一方面可以观览历代的《岳阳楼图》。

虽然唐朝吟咏岳阳楼的诗作很多，但都没有涉及楼的形制结构问题。

现存最早的岳阳楼图，是宋代的三幅《岳阳楼图》：一是北宋范宽的《岳阳楼图》，二是宋画《岳阳楼图》，三是宋代院画《岳阳楼图》。宋画中的岳阳楼，十字平面，二层三檐，重檐十字脊歇山顶，四面突轩。

元代夏永有两幅界画《岳阳楼图》传世，形制为二层三檐，重檐歇山顶。

明代有安正文《岳阳楼图》，也有王圻《岳阳楼图》与《三才图会》。《三才图会》中有一幅岳阳楼写实简笔画，图中所附文字，是现存最早的记载岳阳楼具体形制的文字，确切记载了明代中期与晚期形制的差异："岳阳楼其制三层，四面突轩，状如十字，面各二溜水。今制架楼三檐，高四丈五尺。"这与明末《天下天山胜概记》中的岳阳楼基本相同。

清初龚贤、石涛都画过《岳阳楼图》，楼层变为三层，屋顶变为盝顶。乾隆五年（1740），谢济世撰《重修岳阳楼记》中也有"其高五丈，其制三层"的说法，图文印证。

今日岳阳楼景区，路边用模型展示了历朝历代岳阳楼的造型。

岳阳楼催生的对联、书法与音乐

范仲淹的《岳阳楼记》，深得历代文人之心，穿越千年，在每一个中国人心中产生共鸣。

欧阳修曾作一副对联：

　　我每一醉岳阳，见眼底风波，无时不作；

　　人皆欲吞云梦，问胸中块垒，何时能消？

　　清代窦垿写了一副著名的对联，被后人誉为"两行文字千秋史，一副对联百部书"：

　　一楼何奇？杜少陵五言绝唱，范希文两字关情，滕子京百废俱兴，吕纯阳三过必醉。诗耶？儒耶？吏耶？仙耶？前不见古人，使我怆然涕下；

　　诸君试看，洞庭湖南极潇湘，扬子江北通巫峡，巴陵山西来爽气，岳州城东道崖疆。渚者，流者，峙者，镇者，此中有真意，问谁领会得来。

　　历代书法家纷纷提笔为岳阳楼写下书法作品，如米芾、赵孟頫、文彭、文徵明、祝枝山等，此外还有后人通过对王羲之、智永、颜真卿等的书法作品进行摘取、拼合，集成的真书《岳阳楼记》。

　　南宋郭沔作的商调式琴曲《潇湘水云》，则成功地表现出洞庭潇湘山光云影、烟波浩渺的景色。全曲共分十段：洞庭烟雨、江汉舒晴、天光云影、水接天隅、浪卷云飞、风起水涌、水天一碧、寒江月冷、万里澄波、影涵万象，抒发了忧国伤时与逍遥江湖的复杂感情。后人多有加工，发展成 50 种传世琴谱，是最受欢迎的琴曲之一。

　　人生不如意者，十之八九。《岳阳楼记》，是中国人永远的心理引导。

今日岳阳楼

　　现今的岳阳楼，沿袭清光绪六年（1880）重建时的形制与格局，是三大名楼中唯一保持原貌的古建筑。

　　布局上，岳阳楼与仙梅亭、三醉亭呈"品"字形格局。

　　主楼为长方形体三层纯木结构，高 19.42 米，进深 14.54 米，宽

17.42 米。

楼内有 4 根楠木直贯楼顶，称"金柱""通天柱"，另有廊柱 12 根，檐柱 32 根，与廊、枋、椽、檩互相榫合为一个整体结构。

楼顶覆黄色琉璃瓦，采用"盔顶"形制，仿古代将军头盔式的顶式结构，下由"如意斗拱"层叠托举，为中国古代建筑中所独有。

梁思成在《中国建筑史》中指出："古建筑雕饰可分为雕刻、绘画及镶嵌三大类。"岳阳楼的雕饰，体现在建筑构件进行装饰的部分，如屋顶、梁枋、柱础、栏杆、门窗等建筑构件的装饰部分和油漆彩画；也体现在建筑的附件，如牌坊、牌楼、建筑前的石狮、栏杆等。

屋脊装饰题材内容为如意、游龙海藻和凤凰茶花，雕饰题材内容丰富，有人物故事、山水亭台、奇花异卉、珍禽异兽。

题材内容上，一是三国演义、庄王播鼓、柳毅传书、打渔杀家等宣扬忠孝节义的儒家故事；二是嫦娥奔月、吕洞宾醉酒、八仙过海、龙飞凤舞等体现浪漫瑰丽神仙世界的神话传说；三是讲述捕鱼、耕地、打柴等世俗生活场景的民间故事；四是描绘山水亭台、花卉小鸟、珍禽异兽等自然人文风光的游记。

总体看，有规矩、方正、平稳、笃实的一面，也有自由、曲折、飞动、

君山远望

君山娥皇女英墓

空灵的一面，反映了古朴而端庄的儒家文化、清简灵动的道家文化，以及体现在青铜器、木雕、漆器、料器工艺上源远流长的湖湘文化。

值得一提的是，二层悬挂"《岳阳楼记》雕屏"，为清乾隆七年（1742）原作，是当时岳州知府黄凝道遣使去京，请书法家张照书写的范仲淹《岳阳楼记》。每字五寸见方，刻于12块紫檀木板之上。

君山

君山又名湘山、君湘山、洞庭山、有缘山，是洞庭湖中一小岛，与岳阳楼遥遥相望，四面环水，小巧玲珑，峰峦盘结。因其浮游于洞庭烟波之中，远看知横黛，近看似青螺，因而唐代著名诗人刘禹锡有"遥望洞庭山水翠，白银盘里一青螺"的诗句。现为国家级重点风景名胜区，国家 AAAAA 级旅游区。

相传，以前舜南巡不还。娥皇、女英二妃追随其后却赶不上，于是怀着无限惆怅投身湘江。后人在君山下建祠祭祀此二妃。李白赋诗《陪族叔刑部侍郎晔及中书舍人贾至游洞庭湖》："洞庭西望楚江分，水尽南天不见云。日落长沙秋色远，不知何处吊湘君。"

与百年前的老照片相比，娥皇、女英二妃墓经过修整，墓碑刻有彭玉麟所书"虞帝二妃之墓"六字，墓通道两侧石柱上，镌刻舒绍亮题写的对联："君妃二魄芳千古，山竹诸斑泪一人。"

中国历代志士仁人的苦乐观

"洞庭天下水，岳阳天下楼。"岳阳楼是湘楚文化的杰出代表，而"四面湖山归眼底，万家忧乐到心头"则是其核心。

滕子京被贬岳州后，筹资修建岳阳楼，请范仲淹写《岳阳楼记》，接着请苏舜臣书写《岳阳楼记》刻于石碑，又请邵𫗧为石碑"篆额"。于是，时人将滕楼、范记、苏书、邵篆，合称为"天下四绝"。

与黄鹤楼所代表的意气风发、平步青云的人生理想不同，也与滕王阁所代表的顺风顺水、一生平安的人生追求不同，岳阳楼更多的是代表在低谷境遇下的人生底线，代表不忘初心的家国情怀。

毫无疑问，范仲淹的《岳阳楼记》，使得岳阳楼著称于世。其中名句"先天下之忧而忧，后天下之乐而乐"，反映了他在内忧外患、国事艰难的残酷的政治现实中忧国忧民的政治抱负和高尚操守，千百年来一直在激励着仁人志士为心中的理想而奋斗，代表了中国人的苦乐观和幸福观。

千百年来，地处贬官南下所经之地的岳阳楼所催生的《岳阳楼记》，提示人们即便身处人生逆境、官场泥潭，仍要不忘初心、爱国爱民、奋进图强。

我们"忧"，天下"乐"；天下"乐"，我们与之共乐。

此种因果，此种观念，便是我们与天下的共赢方案。

黄鹤楼

天下江山第一楼

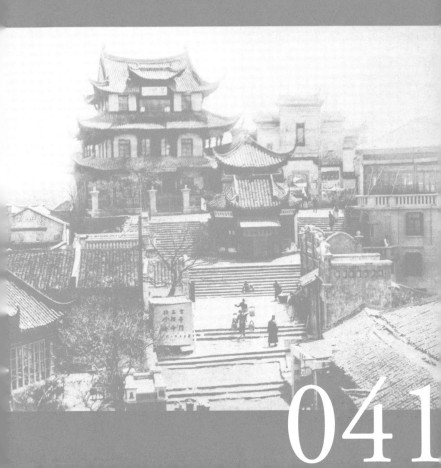

奥略楼

黄鹤楼被誉为"天下江山第一楼"和"天下绝景",是与岳阳楼、滕王阁齐名的"江南三大名楼"之一。这三大名楼,再加上鹳雀楼,通常合称为"中国四大名楼"。

古代黄鹤楼

黄鹤楼,已经有 1 800 年的历史。

东汉建安十三年(208),赤壁之战爆发。孙权、刘备联军于长江赤壁(今湖北省赤壁市西北)一带与曹操大军展开决战,大破曹军。赤壁之战是中国历史上第一次在长江流域进行的大规模江河作战。赤壁之战后不久,孙权为"以武治国而昌",在蛇山西端黄鹄矶头修建瞭望守戍的军用哨楼,这就是最早的黄鹤楼。尽管关于黄鹤楼始建的具体时间在学术界还有争议,但现今大多数学者认为其始建时间是东吴黄武二年(223)。

从地理上说,黄鹤楼因山(黄鹄矶)得名。由于"黄鹄""黄鹤"是今古音通转,所以在传说里面,黄鹤楼不但因仙得名,还有植根于道家的吕洞宾、鲁班建楼传说。历朝历代,文人传说和趣闻轶事,更是层出不穷。

到南北朝时期,黄鹤楼渐成名楼,关于黄鹤楼的诗文也渐渐多了起来。南朝陈代诗人张正见的《临高台》,描写了黄鹤楼的壮观景象,是文学史上书写黄鹤楼的第一首诗:"层台迩清汉,出迥驾重梦。飞栋临黄鹤,高窗度白云。风前朱幌色,霞处绮疏分。此中多怨曲,地远讵能闻。"

隋唐时期,战火稍息,局势承平,商贸勃兴。夏口城成为南来北往、东来西去的官商行旅的必经之路。黄鹤楼形制,也从瞭望守戍的军事哨楼,变身为雄奇壮美的游览楼阁。可惜的是,关于这次修建,历史上没有留下记载。不过,黄鹤楼从此变为观赏楼,而且是当时城内唯一可以俯瞰长江的观赏楼,逐渐成为官商行旅登高眺远、观景思古的绝佳去处。一时"登车送远,游必于是,宴必于是",成为最著名的宴游之地。

文以楼生,楼以文名。胜景催化诗文,诗文点染胜景。胜景与诗文,历来是相互成就、相得益彰的双生关系。最为人称道的是唐代诗人崔颢所写的诗《黄鹤楼》。这首把古体与律诗体结合在一起的变体律诗,情景交融,成为千古绝唱，黄鹤楼也随之声名远扬：

> 昔人已乘黄鹤去，此地空余黄鹤楼。
>
> 黄鹤一去不复返，白云千载空悠悠。
>
> 晴川历历汉阳树，芳草萋萋鹦鹉洲。
>
> 日暮乡关何处是？烟波江上使人愁。

一时间，黄鹤楼有了一个别名：崔楼。

虽然自古文无第一，但南宋严羽《沧浪诗话》评价："唐人七言律诗，当以崔颢《黄鹤楼》为第一。"清代吴昌祺《删定唐诗解》更是赞曰："不古不律，亦古亦律，千秋绝唱，何独李唐？"清代赵翼《题黄鹤楼十六韵》总结为："楼真千尺回，地以一诗传。"

诗仙李白面对崔颢此作也甘拜下风，留下"眼前有景道不得，崔颢题诗在上头"的传说。虽然据考证李白并没有说过这句话，但人们宁愿相信这个传说就是真的。

此后，敢在黄鹤楼题诗的人明显减少。不过，李白先后写了12首涉及黄鹤楼的诗，其中最著名的是《黄鹤楼送孟浩然之广陵》：

> 故人西辞黄鹤楼，烟花三月下扬州。
>
> 孤帆远影碧空尽，唯见长江天际流。

李白的《鹦鹉洲》："鹦鹉来过吴江水，江上洲传鹦鹉名。鹦鹉西飞陇山去，芳洲之树何青青。"连用三个"鹦鹉"，明显模仿了崔颢的诗。李白另有一首《登金陵凤凰台》："凤凰台上凤凰游，凤去台空江自流"，也在向崔颢致敬。

此后，中唐时期的白居易、元稹，晚唐时期的皮日休，都曾来黄鹤楼宴游。北宋时期，张咏、贺铸等也曾登临黄鹤楼赋咏。南宋初年，李纲和岳飞还曾登楼抒怀。岳飞曾在武昌镇守7年，于南宋绍兴八年（1138）写下《满江红·登黄鹤楼有感》，抒发了北望河山的爱国豪情：

遥望中原，荒烟外，许多城郭。想当年，花遮柳护，凤楼龙阁。万岁山前珠翠绕，蓬壶殿里笙歌作。到而今，铁骑满郊畿，风尘恶。

兵安在？膏锋锷。民安在？填沟壑。叹江山如故，千村寥落。何日请缨提锐旅，一鞭直渡清河洛。却归来，再续汉阳游，骑黄鹤。

南宋中期，大约在宋高宗朝（1127—1162）的中后期，黄鹤楼被毁。诗人陆游曾经到此寻踪，但一无所获，怅然离去。到南宋后期，在宋宁宗朝（1194—1224）再建，黄鹤楼再展雄姿。这次毁建的具体年份、具体原因、具体人物等细节，历史上也没有留下记载。

通过历朝历代流传下来的古画，我们今天可以约略知道黄鹤楼在不同时期的建筑形制。各朝虽不相同，但都显得高古雄浑，个性十足。

唐代黄鹤楼，处于从"战争楼"向"观景楼"的过渡时期，楼与城相连，四周绕以围墙，建有角楼，既可登楼揽胜，也可作为瞭望哨所，是当时荆吴形胜之最。而宋代黄鹤楼，则是建筑群体，包括楼台轩廊，布局严谨，主次分明，建筑风格雄浑俊逸。

到了元至正三年（1343），威顺王宽彻普化太子修建了胜像宝塔，用来供奉舍利和安藏佛教法物。这个喇嘛塔，一直保存至今，是黄鹤楼故址保存最古老、最完整的建筑。

明洪武四年（1371）至洪武十四年（1381），江夏侯周德兴主持武昌的大规模拓展和建设，黄鹤楼在此次扩建中得以重修。整体布局疏密有致，构筑恰当。

清代，黄鹤楼"火经三发，工屆八兴"。就是说，经历三次毁灭性的火灾，八次重建或修葺。同治七年（1868）重建后，"楼凡三层，计高七丈二尺，加铜顶九尺，共成九九之数。柱周六七尺以上者四十八楹。为地基周径长二十丈有奇，宽八丈有奇。楼八面各宽四丈五尺，上供吕祖像，仍其旧也"。楼分三层，周围附属景点增多，整体风格神奇壮美。光绪十年（1884）毁于大火，仅余铜铸楼顶。

张之洞旧邸

近代黄鹤楼

假如你穿越到 1884—1985 年, 这一百多年间, 你看不到黄鹤楼。

1904 年, 湖北巡抚端方于黄鹤楼原址修建西式的警钟楼。张之洞的故吏门生于 1907 年在警钟楼后面不远处建造一座中式三层楼阁, 称为风度楼, 以纪念张之洞在洋务运动方面的功绩。后张之洞更名为奥略楼。警钟楼和奥略楼并存时期, 常常都被视为黄鹤楼。人们更认同中式风格的奥略楼, 加之楼上匾额"南维高拱""北斗平临""势连衡岳"也与清同治年间的黄鹤楼相同，因此，奥略楼当了黄鹤楼48年的"替身"，承载游人对黄鹤楼的钟爱。

今日黄鹤楼

1955年建造武汉长江大桥时，武昌引桥占用了黄鹤楼原址，警钟楼和奥略楼均被拆除。

现在的黄鹤楼是于1985年在距离原址1千米海拔61.7米的蛇山顶上建造的。现代黄鹤楼是由楼、轩、廊、坊、亭等组成的建筑群体。主楼以清同治楼为蓝本，共有五层，高50.4米，集北雄南秀诸楼风格之大成，总的特点是层层飞檐，四望如一：立面看，各层排檐形如黄鹤，展翅欲飞；平面看，"四面八方"，即四边套八边形，承载古建筑文化中数目的象征

临近黄鹤楼的武昌宝通寺全景

临近黄鹤楼的武昌宝通寺八角七层砖塔

意义。整体风格雄浑稳健又不失精巧，古朴典雅又有韵味变化，比历代更加壮观。

2011 年，黄鹤楼被列入第三批国家级非物质文化遗产保护名录，黄鹤楼公园也被评为 AAAAA 级旅游景区。寻地标，赏古迹。在今天的武汉，黄鹤楼与晴川阁、古琴台共为"武汉三大名胜"。位于长江南岸武昌的黄鹤楼，与长江北岸汉阳的晴川阁、古琴台隔江相望，直线距离约 2 千米和 4 千米。站在黄鹤楼上，武汉三镇尽收眼底，每一层都有不同观感，京广线列车就在楼下呼啸驶过，武汉长江大桥和鹦鹉洲长江大桥近在咫尺。

今日黄鹤楼景区

黄鹤楼景区，目前分东南西北四部分。

东区主要景点有东大门、牌楼、岳飞亭、岳飞铜雕、岳飞功德坊。

岳飞亭，全称岳武穆遗像亭，位于岳飞铜像前。1983 年，被公布为市级文物保护单位。

岳飞亭建于 1937 年，当时中华民族正处于生死存亡的关键时刻，岳飞成为激励人民抗击日本侵略者的爱国楷模。武汉爱国群众团体在原岳王庙的瓦砾中发现一块明代青石碑，年代为万历十年（1582），碑上镌刻有岳飞半身像四言像赞诗。不久，大家筹措资金，在现址东 8 米处建岳武穆遗像亭，置碑于亭中，以弘扬民族精神，激励抗战斗志。现存青石碑按明碑原拓复刻。

岳飞亭，单檐木石结构，六角攒尖顶。亭额刻"岳武穆遗像亭"。石柱楹联为："撼山抑何易，撼军抑何难，愿忠魂常镇荆湖，护持江汉雄风，大业先从三户起；文官不爱钱，武官不怕死，奉说论复兴家国，留得乾坤正气，新猷端自四维张。"

岳飞功德坊，建于 1992 年。高 10.7 米，宽 7 米，四柱五梁，重檐翘角，选用优质的白色大理石精雕而成。牌坊上部，由 50 组斗拱撑托成为"品"字形复式结构。

南区主要景点有跨鹤亭、搁笔亭、奇石馆、紫竹苑、南楼、白龙池、古碑廊等。

搁笔亭，源自黄鹤楼上"崔颢题诗李白搁笔"的佳话。清康熙四十八年（1709），清代文学家孔尚任来游黄鹤楼时，将黄鹤楼附近一无名小亭命名为"搁笔亭"，并赋诗《题搁笔亭》。此后，搁笔亭成为文人墨客的唱酬之所，可惜同治年间被毁。

目前所见的搁笔亭为1991年重建，为钢筋混凝土仿木石结构。亭柱上的楹联系清嘉庆年间江夏县（治今湖北武汉市）县令曾衍东为太白堂所拟的旧联"楼未起时原有鹤；笔从搁后更无诗"，为当代剧作家曹禺所书。亭名为当代诗人臧克家书写。

西区主要景点有胜像宝塔、宝铜顶、《黄鹤归来》铜雕、瞰川亭、揽虹亭、西爽亭、云衢轩等。

胜像宝塔，又称白塔、宝像塔、元代白塔、大菩提佛塔，塔高9.36米，座宽5.68米，石砌为主，喇嘛塔形制，供奉舍利和安藏佛教法物。胜像宝塔有地、水、火、风、空五轮，也称五轮塔。胜像宝塔建于元至正三年（1343），是黄鹤楼故址保存最古老、最完整的建筑。原位于武昌蛇山西首黄鹤楼故址前的黄鹄矶头，1955年修建武汉长江大桥时搬迁至蛇山西部、京广铁路跨线桥旁；1956年被列为省级文物保护单位；1984年迁入公园西大门入口处；2013年，被列为全国重点文物保护单位。

宝铜顶是清同治黄鹤楼楼顶，清同治七年（1868）铸造，青铜材质，中空，顶高3.4米，底径1.8米，壁厚4厘米，重约2吨。整个顶分为三部分，上端为宝瓶攒尖顶，中部呈两个球体叠加形成的葫芦形，底部为莲花宝座形。1958年与1981年遭人工毁损，后经修复，目前表面纹饰清晰可辨。

瞰川亭与揽虹亭，也称南亭、北亭，位于黄鹤楼前台阶中轴线的两侧，是黄鹤楼主楼的配亭。两亭形制相同，为钢筋水泥仿木石结构，八角重檐攒尖顶，宝瓶式顶刹，红柱黄瓦，长宽各为9.5米，每边长2米，亭高13.85米。

北区主要景点有涌月台、白云阁、费祎亭、吕仙洞、留云亭、石照亭、仙枣亭、一览亭、乖崖亭等。

白云阁，又名南楼、白云楼，坐落在蛇山高观山山顶，阁高41.7米，比黄鹤楼仅低10米，是赏景的极佳点。白云阁的历史渊源可追溯到东晋时期, 现有建筑建于 1992 年, 钢筋混凝土仿古结构, 地上 4 层, 地下 2 层, 重檐歇山十字脊屋面。典雅秀逸, 古朴庄重。

黄鹤楼的象征意义

黄鹤楼是中国历史上经历最为坎坷的建筑之一, 在 1 800 年的历史长河中, 黄鹤楼屡毁屡建, 有统计说前前后后修建了 27 次。在这 1 800 年里, 黄鹤楼从军事哨楼、游宴场所, 到城市地标, 不仅记录了中华民族历经磨难、涅槃重生的历史, 而且象征着中华民族勤劳勇敢、生生不息的精神。因此, 黄鹤楼所构建的历史空间、所蕴含的深刻的历史文化意蕴, 将永远铭刻在一代又一代中国人心中。

今天, 就让历史告诉未来 : 只要滚滚长江不断流, 只要世上还有中国人, 黄鹤楼就会不断重生!

滕王阁

江南三大名楼之首

滕王阁

　　滕王阁，位于江西省南昌市东湖区的赣江东岸，与黄鹤楼、岳阳楼并称为"江南三大名楼"，因初唐才子王勃作《滕王阁序》，在三大名楼中最早著称于世，被称为"江南三大名楼"之首，是"中国古代四大名楼"之一、"中国十大历史文化名楼"之一，世称"西江第一楼"。

　　滕王阁是豫章古文明的象征，也是南昌市的地标性建筑。2004 年，列入第五批国家重点风景名胜区名单。2018 年列为国家 AAAAA 级旅游景区。

滕王

　　历史上，曾经有两个"滕王"。

第一位"滕王"是隋代的杨瓒。据《隋书·滕王瓒传》记载:滕穆王瓒,是隋高祖杨坚的同母弟。隋文帝杨坚即位后,以杨瓒为雍州牧、邵国公、左卫大将军。但两人秉性不同,素来不和,杨瓒任雍州牧、大将军,仅十日就被免职,改封滕王,后又坐事被贬为洪州总管。曾在章江门外赣江岸边建阁,后人称为滕王阁。不过,关于这个滕王阁,史书上没有更多的记载。

第二位"滕王"是唐代的李元婴,为唐高祖李渊最小的儿子,唐太宗李世民的亲弟,李世民封他为"滕王"。史书记载,他骄奢淫逸,了无政绩,但精通音律,喜爱歌舞。唐高宗李治继位后,李元婴被贬到南昌做都督,依旧整天寻欢作乐。唐永徽四年(653),在赣江左岸的丘冈之上建起了滕王阁(即今滕王阁之所在)为别居,作为游乐宴集的歌舞之地。不久,李元婴被再贬滁州、隆州(今四川阆中一带)。一到隆州,李元婴就在城中建"隆苑",又在城北玉台山建起玉台观和滕王亭。隆州蝴蝶众多,绕亭飞舞,李元婴开始画蝶,世人有"滕王蛱蝶江都马,一纸千金不当价"之说,有《滕王蛱蝶图》传世,成为"滕派蝶画"的鼻祖。

王勃与滕王阁

唐上元二年(675)重阳节,滕王阁整修一新。洪州都督阎伯屿按照重阳登高习俗,邀请文人雅士登高聚会,当场写序,共贺新楼落成。阎都督原拟由其女婿事前撰写阁序,到时一展身手。

历史,在巧合之中,含有必然。初唐四杰之一的王勃(650—676),远道去交趾(今越南河内附近)探父,恰巧途经洪州,就参加了阎都督的宴会。

其实，参加宴会的文人知道阎都督的用意，都推辞不写。唯独王勃不懂世故，年少气盛，自恃才高，毫不推辞地接过纸笔，当众挥笔疾书。阎都督自然不快，拂衣离席，又不甘心，命下属时时来报，看王勃写了什么。

首句是"豫章故郡，洪都新府"，阎都督并不在意；"星分翼轸，地接衡庐"，阎都督沉默不语；"落霞与孤鹜齐飞，秋水共长天一色"，阎都督叹服。

王勃的《秋日登洪府滕王阁饯别序》（即《滕王阁序》），文质兼美，天下传颂。

文以阁名，阁以文传。从此，滕王阁天下闻名。

当年十一月，王勃途经广州，又写下历史上篇幅最长、内容最丰富的宝塔铭文《广州宝庄严寺舍利塔碑》，后被称为"粤版《滕王阁序》"。

次年，王勃搭乘木船南赴交趾，遇海上飓风不幸溺水惊悸罹难。一代才子就此陨落，年仅27岁。

王勃《滕王阁序》全文

豫章故郡，洪都新府。星分翼轸，地接衡庐。襟三江而带五湖，控蛮荆而引瓯越。物华天宝，龙光射牛斗之墟；人杰地灵，徐孺下陈蕃之榻。雄州雾列，俊采星驰。台隍枕夷夏之交，宾主尽东南之美。都督阎公之雅望，棨戟遥临；宇文新州之懿范，襜帷暂驻。十旬休假，胜友如云；千里逢迎，高朋满座。腾蛟起凤，孟学士之词宗；紫电青霜，王将军之武库。家君作宰，路出名区；童子何知，躬逢胜饯。

时维九月，序属三秋。潦水尽而寒潭清，烟光凝而暮山紫。俨骖騑于上路，访风景于崇阿。临帝子之长洲，得天人之旧馆。层峦耸翠，上出重霄；飞阁流丹，下临无地。鹤汀凫渚，穷岛屿之萦回；桂殿兰宫，即冈峦之体势。

披绣闼，俯雕甍，山原旷其盈视，川泽纡其骇瞩。闾阎扑地，钟鸣鼎食之家；舸舰迷津，青雀黄龙之舳。云销雨霁，彩彻区明。落霞与孤鹜齐飞，秋水共长天一色。渔舟唱晚，响穷彭蠡之滨，雁阵惊寒，声断衡阳之浦。

遥襟甫畅，逸兴遄飞。爽籁发而清风生，纤歌凝而白云遏。睢园绿竹，气凌彭泽之樽；邺水朱华，光照临川之笔。四美具，二难并。穷睇眄于中天，极娱游于暇日。天高地迥，觉宇宙之无穷；兴尽悲来，识盈虚之有数。望长安于日下，目吴会于云间。地势极而南溟深，天柱高而北辰远。关山难越，谁悲失路之人；萍水相逢，尽是他乡之客。怀帝阍而不见，奉宣室以何年？

嗟乎！时运不齐，命途多舛。冯唐易老，李广难封。屈贾谊于长沙，非无圣主；窜梁鸿于海曲，岂乏明时？所赖君子见机，达人知命。老当益壮，宁移白首之心？穷且益坚，不坠青云之志。酌贪泉而觉爽，处涸辙以犹欢。北海虽赊，扶摇可接；东隅已逝，桑榆非晚。孟尝高洁，空余报国之情；阮籍猖狂，岂效穷途之哭！

勃，三尺微命，一介书生。无路请缨，等终军之弱冠；有怀投笔，慕宗悫之长风。舍簪笏于百龄，奉晨昏于万里。非谢家之宝树，接孟氏之芳邻。他日趋庭，叨陪鲤对；今兹捧袂，喜托龙门。杨意不逢，抚凌云而自惜；钟期既遇，奏流水以何惭？

呜乎！胜地不常，盛筵难再；兰亭已矣，梓泽丘墟。临别赠言，幸承恩于伟饯；登高作赋，是所望于群公。敢竭鄙怀，恭疏短引；一言均赋，四韵俱成。请洒潘江，各倾陆海云尔：

滕王高阁临江渚，佩玉鸣鸾罢歌舞。

画栋朝飞南浦云，珠帘暮卷西山雨。

闲云潭影日悠悠，物换星移几度秋。

阁中帝子今何在？槛外长江空自流。

滕王阁在王勃之后的千年历史

唐大中二年（848），滕王阁毁于大火，同年重建。

北宋大观二年（1108），江西洪州知府范坦重建滕王阁。丞相范致虚作《重建滕王阁记》，"为屋广八筵，修十八筵有奇，崇三十有八尺，广旧基四十尺，增高十之一。南北因城以为庑，夹以二亭，南溯大江之雄曰'压江'，北擅西山之秀曰'挹翠'"。这两座亭子，从此成为滕王阁的重要组成部分。

南宋时期也有一次维修，范成大《骖鸾录》记载："余至南昌，登滕王阁，其故甚侈，今但于城上作大堂耳。"宗子文《滕王阁》一诗中有"高阁连城十二栏"。

元至元三十一年（1294），又有重修。

明嘉靖五年（1526）重建，这是历史上规模最大的一次修建。阁侧增建"环漪楼"，滕王阁成为一座雅致的江南古典园林，但于万历四十四年（1616）毁于大火，旋即重建。明代解石帆在《滕王阁记》中描绘为："或散霞成绮而宜晴，或山色空蒙而宜雨，或千岩竞秀而宜春，或江清木落而宜秋，或一碧万顷而宜月，或孤舟独钓而宜雪，或西山爽气而宜朝，或翠屏晚对而宜暮。则可谓极景之奇，擅丽瞩之致者矣。"

清代，顺治五年（1648）、康熙十八年（1679）、康熙二十一年（1682）、康熙二十四年（1685）、康熙四十一年（1702）、康熙四十五年（1706）、雍正九年（1731）、道光二十六年（1846）、道光二十八年（1848）、咸丰三年（1853）、光绪末年（1908），滕王阁11次毁于大火，都得到重建。清代最后一次重建，是宣统元年（1909），但规模缩小。

民国十五年（1926），滕王阁在军阀混战中又一次毁于兵灾，仅存一块"滕王阁"青石匾。

纵观千年历史，滕王阁饱经人世沧桑，有歌舞升平的昌盛年代，也有满目疮痍的烽火岁月，屡毁屡建达29次之多。

1942年，梁思成与弟子莫宗江根据"天籁阁"旧藏宋画，绘制了8幅《重建滕王阁计划草图》，包括彩色透视图1幅，平面、立面及断面图7幅。

直到1983年，滕王阁重建工程正式动工，1989年正式落成。这是滕王阁第29次重建，以梁思成、莫宗江的《重建滕王阁计划草图》为蓝本，很大程度上保留了宋代时的原貌。

诗文中的滕王阁

　　唐代，除了王勃的《滕王阁序》之外，还有王绪的《滕王阁赋》和王仲舒的《滕王阁记》。"三王"齐驱，文字烘染使得滕王阁成为文人学士的活动中心。

　　此外，张九龄、孟浩然、韩愈、白居易、杜牧、王安石、黄庭坚、辛弃疾、文天祥、陆游、岳飞、朱熹等有名的文人雅士纷纷登临滕王阁，留下佳作。有学者统计，为古阁作赋记、题诗、作画书碑的名家成百上千，唐宋元明清五朝共有1 970篇记述滕王阁的诗文。此外，还有大量的楹联、匾额，以及不计其数的散曲、杂剧、话本等。

　　韩愈《新修滕王阁记》："愈少时则闻江南多临观之美，而滕王阁独为第一，有瑰伟绝特之称。"

　　白居易《钟陵饯送》："翠幕红筵高在云，歌钟一曲万家闻。路人指点滕王阁，看送忠州白使君。"

　　辛弃疾《贺新郎》："高阁临江渚。访层城、空余旧迹，黯然怀古。画栋珠帘当日事，不见朝云暮雨。但遗意、西山南浦。天宇修眉浮新绿，映悠悠、潭影长如故。空有恨，奈何许。　　王郎健笔夸翘楚，到如今、落霞孤鹜，竞传佳句。物换星移知几度，梦想珠歌翠舞。为徙倚、阑干凝伫。目断平芜苍波晚，快江风、一瞬澄襟暑。谁共饮，有诗侣。"

　　文天祥《题滕王阁》："五云窗户瞰沧浪，犹带唐人翰墨香。日月四时黄道阔，江山一片画图长。回风何处抟双雁，冻雨谁人驾独航。回首十年此漂泊，阁前新柳已成行。"

　　清初诗人彭孙遹《秋日登滕王阁》："客路逢秋思易伤，江天烟景正苍凉。依然极浦生秋水，终古寒潮送夕阳。高士几回亭草绿？梅仙一去岭云荒。临风不见南来雁，书札何由达豫章？"

滕王阁的建筑功能

　　历史上，滕王阁这座文化大殿堂曾是游观、雅集、歌宴、迎送、拜诏、祭祀之地。

一为游观。滕王阁是登临观赏的佳境，极目远眺，西山横翠，江水浩荡。"重九"之日，游人登临游观，一睹"落霞与孤鹜齐飞，秋水共长天一色"的美景。

二为雅集。滕王阁是文人雅集的胜地，杜牧的《怀钟陵旧游》就描述了雅集歌宴的盛况。千年以来，文人在此聚集结社，豫章社、滕王阁社、江天阁社、杏花楼社、悬藜社、环漪阁社等，在文学史上留下了诸多华章。

三为歌宴。滕王阁是歌舞宴乐的殿堂，歌舞不绝。从明万历二十七年（1599）重阳节演出汤显祖《牡丹亭》后，不断有戏剧上演。

四为迎送。滕王阁是迎来送往的理想之所，或迎宾洗尘，或宴客饯别，留下过许多佳话。

五为拜诏。明代之后，滕王阁是拜迎诏诰的礼厅，有"章江江上有楼台，起绝闾阎实壮哉！时逄星槎云外至，每迎天诏日边来"的写照。

六为祭祀。滕王阁是祭祀先贤的祠坛。明代建立了"二忠祠"，祭奠南宋的两位名臣文天祥与谢枋得，后人无不瞻拜。

今日滕王阁

今日滕王阁，主体建筑高 57.5 米，建筑面积 13 000 平方米。四重檐、歇山顶，坐西朝东，南北对称，平面呈十字形。

下部为 12 米高的两级台座，象征古城墙。主阁为"明三暗七"格式，为三层带回廊建筑，内部共有七层，分为三个明层、三个暗层及屋顶的设备阁楼层。因此，实际有 9 层。

从正面看，以游廊与南北两亭相连，构成组成"山"字形，主副分明，主体突出。

从空中俯瞰，滕王阁酷似一只平展两翅、即将起飞的巨大鲲鹏。

屋顶铺设碧色琉璃瓦，正脊鸱吻高达 3.5 米，为仿宋代形制。勾头、滴水均有特制瓦当，勾头为"滕阁秋风"四字，滴水为"孤鹜"图案。

台座下，建有南北相通的两个人工湖，楼阁云影，倒映池中，美不胜收。琉璃绿瓦、鎏金重檐、雕花屏阁、朱漆廊柱与北湖之上的九曲风雨桥相映成趣。

今日滕王阁的内部结构

主阁内部各层，皆有特色，反映了滕王阁的动人传说与历史。各层凭栏眺望，景色也各有其妙。

主楼入口处为"落霞与孤鹜齐飞，秋水共长天一色"的巨大楹联。

主阁梁枋彩画，以宋式彩画中的"碾玉装"为主，以"五彩遍装"及"解绿结华装"为辅。室内外斗拱，则采用"解绿结华装"，大红基调，华丽绚烂。

具体看，室内外梁枋，明间采用"碾玉装"，次间采用"五彩遍装"。各层天花板图案各异，支条深绿，井口线大红；椽子、望板均为大红；柱子为朱红；门窗为暗红；室外平坐栏杆则为古铜色。

主阁每层都有一个与阁相关的主题。各类大型壁画与浮雕，无论是古人书法精华，还是当今名家之作，无不体现江西"物华天宝""人杰地灵"的特点。而各种陈设，如青铜祭品、礼器、编钟、乐器等，都衬托出浓郁的古雅气氛。

第一层正厅有大型汉白玉浮雕《时来风送滕王阁》，根据明代冯梦龙所著《醒世恒言》中的故事《马当神风送滕王阁》而创作，生动再现王勃创作《滕王阁序》时的风采神仪以及当时的历史场景。檐下有四块横匾，东侧为"瑰伟绝特"九龙匾，源自韩愈的《新修滕王阁记》；西侧为"下临无地"巨匾；南北侧高低廊檐下分别为"襟江""带湖"二匾；西侧梁枋正中挂有"西江第一楼"金匾。

第二层正厅的墙壁上，是大型工笔重彩丙烯壁画《人杰图》，长 23.9 米，高 2.55 米。这幅《人杰图》描绘了历史上 80 位江西名人，如陶渊明、徐孺子、曾巩、欧阳修、王安石、汤显祖等人的形象，充分展现了《滕王阁序》中"人杰"的主题。

第三层中厅屏壁有丙烯壁画《临川梦》，长 5.5 米，宽 2.8 米，表现汤显祖在滕王阁排演戏曲《牡丹亭》的场景。回廊四绕，廊檐下有四幅巨型匾额，东为"江山入座"，西为"水天空霁"，南为"栋宿浦云"，北为"朝来爽气"，源自清顺治年间重修滕王阁时所拟匾额。

第四层正厅有大型丙烯壁画《地灵图》，体现江西"地灵"的主题，包括大禹岭梅关、圭峰、三清山、龙虎山、井冈山、庐山、鄱阳湖、石钟山等景点。

第五层是最高的明层，回廊四绕。廊檐下四块金匾，内容出自《滕王阁序》。凭栏远眺，水天茫茫，黛峰隐现。四季之景，尽收眼底，令人流连忘返。飞架赣江之上的八一大桥，将历史和现实，雄浑与秀丽，融为一体。

第六层是滕王阁的最高游览层。其东西重檐之间，是苏东坡手书的千古名篇《滕王阁序》。大厅题匾"九重天"，由台座之下的底层算起，实为第九层。有仿古戏台，两侧陈列有楚国曾侯乙墓出土的乐器复制品，有编钟、编磬、建鼓、双凤虎座鼓、古琴等。

滕王阁蕴含的风水文化

千百年来，风水一直是中国人心中的秘密。古人心中，滕王阁是代表南昌吉祥风水的建筑，寓意一帆风顺。

当地有两句流传千古的民谣：一句是"求财去万寿宫，求福去滕王阁"，另一句是"藤断葫芦剪，塔圮豫章残"。意思是，如果滕王阁和绳金塔倒塌，豫章城就会流失人才与宝藏，城市也会败落。这或许解释了滕王阁在古人心目中的地位。

人们相信，王勃为这座城市带来了千古盛名，也为这座城市带走了所有的不顺。

衡山磨镜台

启发顿悟的地方

磨镜台门

磨镜台位于南岳衡山半山亭中心景区内，在福严寺上方约500米处，因唐代怀让禅师点化马祖道一顿悟而闻名。

岁月流转，目前磨镜台与百年前的老照片已有较大不同，但依然保存有"祖源"石刻与怀让墓等。

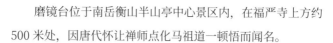

南岳衡山

中国古人有山神信仰，五岳，就是中华传统文化中五大名山的总称，后与五行观念、帝王封禅相结合。五岳，分别是中岳嵩山、东岳泰山、西岳华山、南岳衡山、北岳恒山。

南岳衡山，位于湖南省衡阳市南岳区，古木参天，风景秀丽，有"海内名山，五岳称最"之称，素以"五岳独秀""文明奥区""中华寿岳"著称于世。

清代著名学者魏源评价五岳为：恒山如行，泰山如坐，华山如立，嵩山如卧，"惟有南岳独如飞"。南岳，景色飞动，风光绝美。祝融峰之高、藏经楼之秀、方广寺之深、水帘洞之奇，称为"衡山四绝"。

南岳衡山历史悠久，文化深厚，历代诗人李白、杜甫、刘长卿、朱熹、魏源，纷纷留下精美诗篇。

李白《游方广寺》"圣寺闲栖睡眼醒，此时何处最幽清？满窗明月天风静，玉磬时闻一两声"及《与诸公送陈郎将归衡阳》"衡山苍苍入紫冥，下看南极老人星。回飙吹散五峰雪，往往飞花落洞庭"，描写了衡山的美景。

杜甫《望岳三首·其三》"南岳配朱鸟，秩礼自百王。欻吸领地灵，鸿洞半炎方。邦家用祀典，在德非馨香。巡守何寂寥，有虞今则亡。泊吾隘世网，行迈越潇湘。渴日绝壁出，漾舟清光旁。祝融五峰尊，峰峰次低昂。紫盖独不朝，争长嶪相望。恭闻魏夫人，群仙夹翱翔。有时五峰气，散风如飞霜。牵迫限修途，未暇杖崇冈。归来觊命驾，沐浴休玉堂。三叹问府主，曷以赞我皇。牲璧忍衰俗，神其思降祥。"也是不朽诗作。

此外，韩愈的《望日台》、柳宗元的《过衡山见新花开却寄弟》、刘禹锡的《望衡山》、朱熹的《莲花峰次敬夫韵》以及王船山的《念奴娇·南岳怀古》等，都是脍炙人口的佳作。

王夫之《南岳赋》

明末清初的思想家王夫之，写过一篇《南岳赋》，文笔生动，涉及历史、地理、人文等诸多方面，堪称南岳衡山的百科全书。

《南岳赋》由序言、正文、颂词组成。其中有关南岳宗教，记载为：

> 矧夫银地表瑞，朱陵通真。辞子弥天，羽客乘之。九仙霄举，只鹤霞宾。乌爪翻书，石粮自锛。懒残饭芋，岩老长醺。扣玉壶于海客，奏云璈于华存。含芷姜于金母，养钉铰之胎魂。云骈来其宛在，晒探岛之徙勤。逮其三车车驾，五叶南开。头陀既景，思大爰来。海迁蛟馆，颐观天台。让磨石镜，迁滑莓苔。慈明狎虎，芭蕉浴雷。绿萝结庵，露灭名斋。丹霞、鹿门、金轮、南台。息崿山之戍客，蹖紫柏以钳雒。其蠖伏而鸢举也，盖不给于更数。光参帝纲，威震毒鼓。位拣君臣，要兼宾主。俨华藏之庄严，尚何论夫双树。以故金碧璀玭，堵窜穸崇。比岫联香，接宇闻钟。花雨成蹊，白云在封。捋石听于道生，拟鸟供于懒融。苟息心于玄司，岂来者之未工。虽画一于邹鲁，展道大而必容。要非包汤穆，折鸿蒙。遴众妙之所都，建万壑以由宗。则夫瀯洞湠濴，攒合笼葱者，胡凭借焉，以孕大观于无穷也欤？

南岳衡山的佛教文化

南岳佛、道、儒三教并存，自古就是南方一带的宗教文化中心，更是佛教南派禅宗的发源地。现有五大丛林：上封寺、祝圣寺、福严寺、南台寺、大善寺。

佛教文化进入南岳，始于梁天监年间（502—519）的惠海、希遁。其后，慧思于陈光大二年（568）到达南岳。慧思传弟子智，以后传至章安灌顶，法华天宫，荆溪湛然，形成天台宗（亦名法华宗）。南岳慧思，后被尊为天台三祖，智为四祖。

南禅六祖慧能，于广东曹溪传法，其佛教思想，后来成为南岳佛教最重要的宗派。慧能传法两支：南岳、青原。

南岳代表人物为南禅七祖怀让，在南岳般若寺（今福严寺）开宗受徒，传马祖道一，先后传承，开创沩仰、临济两宗；

青原代表人物行思，行思传南岳石头希迁。希迁在南台寺辗转传法药山、云岩、洞山、曹山，而成曹洞宗。另传文偃、文益，则分别形成云门、法眼宗。

南岳怀让两宗（沩仰、临济），与青原行思三宗（曹洞、云门、法眼）

福严寺

南岳祝圣寺三门

合为五宗，佛教史上称之为"一花五叶"。

磨镜台的传说

怀让（677—744），唐代高僧，南禅七祖。

关于怀让是如何用"顿悟法门"启发当年北派马祖道一的，传说如下：

有一天，道一正在坐禅，怀让坐到他对面，把慧能的梵语念了几遍：

"生来坐不卧，死去卧不坐，一具臭骨头，何为立功课。"几遍念下来，道一似有所动。怀让拂袖而去。

第二天，怀让拿出一块砖并开始磨。马祖问其原因。

怀让说："磨砖作镜。"

马祖说："磨砖岂能得镜？"

怀让说："磨砖尚不成镜，坐禅岂得成佛也。如牛驾车，车若不行，打车即是？打牛即是？"

怀让之意，在于不该问砖，而该问人。那么意味着不该问坐禅，而该问心灵。

如此反复论辩之后，马祖得到了心灵上的转机。

多年后，道一传百丈怀海。百丈怀海创禅林和农禅制度，立丛林法规（百丈清规），成为禅宗祖师中与达摩祖师、六祖慧能一样的著名人物。

后来，磨镜台成为佛教禅宗南宗祖源。磨镜台上有马祖庵，磨镜台后

南台寺与福严寺之间的三生塔全景

有七祖塔（怀让墓塔）。塔后为上山老路，称"怀让路"，共有206级石蹬。磨镜台附近，还有龙舒桥、观音桥、麻姑桥、游泳池等遗迹。

登磨镜台远望，台旁古松盘绕，台前壑谷幽深，周边景色尽收眼底。

磨镜台的意义

心镜常磨尘不染，但求一悟贵如金。

唐天宝三载（744），怀让大师圆寂，其弟子建墓塔于磨镜台，宰相裴休亲书怀让墓塔上"最胜轮塔"四个篆体字。墓塔正中，立有三块汉白玉碑，主碑上刻有"禅宗七祖唐大慧禅师怀让墓塔"，两边石碑上刻着怀让磨镜传法的故事。

传法院，建筑形式非常独特：西为传法院，东为马祖庵，东西各有一樘大门，各有一块烫金匾牌。传法院神座上供奉着三尊像也很特别：中间为佛祖释迦牟尼，左方为七祖怀让，右方为马祖道一。

许多历史名人都曾来到磨镜台参禅谒祖，如宋代朱熹、张栻，明代张

福严寺客殿

唐南岳怀让禅师最胜轮塔

居正，清代曾国藩、彭玉麟等。

磨镜台在中国禅宗发展上具有重要意义，影响深远。临济宗和曹洞宗弟子甚多，素有"临济临天下，曹洞曹半天"之说。赵朴初大师亲笔题写的"磨镜台"，如今刻在传法坪奇石上。他曾对磨镜台给予高度评价："谈中国的佛教，离不开禅宗，谈禅宗，离不开南禅，谈南禅，离不开南岳，南岳是出祖师爷的地方。"

2003 年 10 月，中国（南岳）千年佛教论坛和传法院（马祖庵）重修竣工庆典暨佛像开光法会隆重举行，来自海内外高僧大德、专家学者和善信 2 000 多人云集磨镜台。如此规模的大型佛教论坛，在全国尚属首次。时任国家宗教局局长叶小文在论坛上指出："禅宗的历史是一段令中国佛教界自豪和骄傲的历史。"中国佛教协会常务副会长圣辉法师肯定了"南岳是印度佛教完成中国化进程的地方"。

"传法院"和"马祖庵"匾额，由一诚大师所书。

磨镜台与中国现代史

　　磨镜台，不仅是"南禅祖源，传法圣地"，也是中国南部的抗战圣地。如今，更是一个集宗教文化、人文历史和自然风光于一体的景点，是人们追溯抗战历史、拜谒南禅"祖源"的地方，更是一个风景秀丽的避暑胜地。

　　20 世纪 30 年代，达官显贵在此兴建了 13 栋别墅。1938 年，南京国民政府军事委员会迁到南岳，磨镜台成了军政要员的临时官邸，四次召开高级军事会议。如今，部分别墅改成了宾馆，成为重要的对外接待场所。

　　建于 1933 年的何氏别墅，为原国民党湖南省政府主席何键所建。两层麻石木板、琉璃瓦结构，占地面积 260 平方米。门联"青松插地立，黄鹄摩天飞"，以青松和黄鹄，寄托中国人民坚定抗日的雄心壮志。1934 年秋天，何键又在别墅后修建秘密防空洞，此洞被称为"中国南部抗日第一洞"。

　　1943 年 2 月 18 日，为了争取美国朝野对中国抗战的支持，宋美龄在美国国会发表了激情洋溢的演讲，其中用大量篇幅阐释怀让磨镜典故蕴含的禅宗哲理，受到美国朝野的赞赏，激发了美国国会议员对中国抗战的同情与支持。

北京白云观

全真第一丛林

　　白云观位于北京西城区复兴门外白云路东侧，西便门外约 1 千米处，是国内的道教重点宫观，道教全真第一丛林、全真三大祖庭之一、中国北方第一大观，2001 年列入第五批全国重点文物保护单位、国家 AAAA 级旅游景区。白云观收藏的道教文物最丰富，保存也最完整。目前，中国道教协会、中国道教学院、中国道教文化研究所、《中国道教》编辑部，均设立于此。

　　与百年前的照片相比，牌坊、丘祖殿、玉皇殿都经过了修整，大体保持原貌。各殿中供奉的塑像，经过修复和重妆，基本保持原貌。

白云观的历史

　　据《北平庙宇通检》记载，白云观前身是始建于唐开元二十九年（741）

白云观牌楼

白云观丘祖殿

白云观四御殿三清阁

的天长观，相传是唐代遗有一尊汉白玉石雕老子坐像，保存至今；金正隆五年（1160），所有建筑毁坏，又遭兵燹；金大定七年（1167）敕命重修，于大定十四年（1174）竣工，称为"太极宫"；元初，丘处机自雪山东归，蒙古太祖十九年（1224）至燕京，赐居太极宫，开工重建殿宇。太

白云观玉皇殿

白云观玉皇殿玉皇大帝

祖二十二年（1227），丘处机羽化，其弟子在长春观的东侧修建下院"白云观"，在观内营建处顺堂，埋葬其遗蜕并纪念；元末连年争战，长春宫毁于兵火；明初明成祖朱棣时重修长春观，以"处顺堂"为中心，形成现在的建筑格局；明正统八年（1443），英宗赐匾额正式改称为"白云观"；清初，教龙门第七代宗师王常月曾在白云观三次开坛传戒，受戒弟子达千余人，宫观建筑多次进行大规模重修与扩建；康熙四十五年（1706）重修，形成现在的建筑群格局；乾隆、嘉庆年间，先后建成东西两路殿堂，基本奠定了今日白云观规模，并成为享誉全国的大观；光绪十三年（1887），皇宫副总管太监刘诚印出资修建了后花园。从此，白云观形成四块主体：中路殿堂、东路殿堂、西路殿堂、后花园。

1956 年、1981 年、1999 年三次大修，恢复宫观建置和古代建筑风貌，殿宇壮丽巍峨，兴信徒之瞻礼，舒游人之情怀。其中，1999 年整修时，新塑神像 68 尊、新制神龛 10 件、供桌 12 张，并恢复了贾祖殿、真武殿、慈航殿、三星殿等殿堂。

2000 年 10 月 16 日，白云观举行了新塑神像开光仪式。

白云观的建筑格局

白云观是道教全真第一丛林，也是龙门派祖庭，"十方丛林之元"。白云观规模宏大，占地 6 万余平方米，其中殿宇建筑约 1 万平方米，有 20 余座殿堂。

进入山门，分中东西三路及后院四个部分。

白云观的布局模式是"三纵七横，一实一虚"。宫观建筑呈现"中轴对称"式的布局，主轴线上有七进院落，主轴线两侧有两条辅轴线，最后一进院落便是云集园。

中路以山门外的照壁为起点，依次有牌楼、华表、山门、窝风桥、灵官殿、钟鼓楼、三官殿、财神殿、玉皇殿、老律堂、救苦殿、药王殿、丘祖殿和三清阁、四御殿、藏经楼；东路有南极殿、斗姥阁和罗公塔；西路有吕祖殿、八仙殿、元君殿、文昌殿、元辰殿、祠堂院等。值得一提的是文昌殿中的明代铜像，共有铜像 11 尊，集于一堂，数量在当时可谓全国之冠，甚至超过了武当山。

白云观虽然是皇家宫观，但建筑设计与装饰上依然是以"回归自然，返璞归真"为宗旨，风格简约，最明显的是屋顶多为硬山顶，材料多为灰砖灰瓦，宫观格调整体上古朴低调。在此基础上，白云观宫观的特色，在于用象征符号来传递道教基本精神。

第一个特色体现在雕刻装饰方面。

白云观的雕刻装饰，除采用普遍的中华传统文化装饰外，"延年益寿，羽化登仙"的道教特色十分鲜明。

瓦雕方面，瓦当上刻有吉祥语以及"寿"字形图案，此外还有花卉、动物、兽面，以及板瓦形式刻有"福禄寿"三字的唇形瓦当等。

砖雕方面，部分重要建筑，如丘祖殿的正脊上有砖雕装饰。此外还有多处影壁，"万古长春"寓意道法自然，与天地共存。

石雕方面，大量见于栏杆、石碑、拱券等构件，有龙凤、瑞兽、云纹、植物、山川、八卦太极等图案组合出现，如二龙戏珠、松鹤延年、灵猴献寿、鹤鹿同春，此外常见的还有卷草纹、灵芝纹等图案。

第二个特色体现在彩绘装饰方面。

白云观作为道教宫观，装饰色彩上朴实简洁，屋顶用灰瓦铺设，显得肃穆庄重。彩绘则体现在雕梁画栋上，在梁枋、檩椽、斗拱、天花上随处可见，以蓝绿为主色调，琳琅夺目。最有代表性的是雷祖殿的井字天花，绘有仙

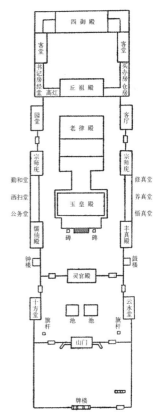

白云观配置略图

鹤口衔灵芝、寿桃、云纹，寓意益寿延年；再如四御殿的龙井天花，金色龙纹形态各异。

第三个特色体现在雕塑方面。

白云观里的神像，体态容貌都与常人相近，既神圣庄严，又不对信众造成压迫感，人性化、世俗化特征十分鲜明，体现了道教的重人贵生理念。如三清阁内供奉玉清元始天尊、上清灵宝天尊、太清道德天尊三座神像，面容和善；四御殿内供奉的四位尊神，既神情庄重，又活灵活现。

总之，白云观的建筑装饰充分体现了"延年益寿，羽化登仙"的道教宗旨，一方面重视"重人贵生""生者为贵""寿最为善"的现世，另一方面重视"羽化登仙"所体现的超越世俗的理念。

　　明代宰相程敏政《过白云观》诗曰："红尘飞尽白云生，一径深深草树平。丹灶已空仙去远，琳宫犹枕旧辽城。"民国时期，徐世昌写下《白云观》一诗："西郊杰阁隐烟霞，来访青牛道士家。竹院日长研素问，药炉云护养丹砂。相逢词客成吟草，自有仙人扫落花。回望春城三殿迥，东风依旧柳阴斜。"

白云观丘真人像

白云观真武殿汉祖天师

白云观真武殿文昌帝君

云集园

位于白云观最北部的云集园，是白云观的后院，为清光绪十三年（1887）皇宫副总管太监刘诚印出资加建的后花园。云集园是北京白云观的附属园林，素有"小蓬莱"之称，清幽雅静，为道教宫观园林的经典之作。

从选址方面看，白云观位于护城河与昆玉河交接处之南，后院营建必然是向观北借景，近水空间，既方便日常生活用水，也有利于园林山水布置，同时还能营造出清静的环境氛围。

从整体空间布局上看，云集园是宫观建筑部分"中轴对称"布局的合理延续，两者在空间结构上既互相呼应，又融为一体。云集园由四个庭园组成，以游廊和墙垣分隔出南侧三个院落，北侧院落则附属于高台上的云集山房。

云集园以戒台和云集山房为中心。戒台为道教全真派传授"三坛大戒"的坛场，1989年举行了盛况空前的全真派传戒仪典。云集山房为全真道律师向受戒弟子讲经说法之所。

整体看，云集园假山与楼阁古亭错落有致，回廊曲径相连，古木苍翠，幽深宁静。

白云观的收藏

白云观内，保存有很多珍贵的文物。

除唐代汉白玉老子像外，还有元朝著名书法家赵孟頫书《道德经》石刻、《阴符经》石刻；明版《正统道藏》、明英宗《赐经碑》；清康熙赐的金钟玉磬，慈禧太后赐的刺绣幡幛和法衣。

此外，还有道教神仙水陆画，如《太和山瑞图》《金液还丹图》《道德天尊图》《灵宝天尊图》；历代名人字画，如元代丘处机《雪山应聘图》长卷、徐渭的《蕉叶图》，以及清代《六十元辰图》、近代画家黄益如的《八仙图》等等。由于白云观地处北京，与皇家关系紧密，还保存有清康熙帝御书中堂和匾额，乾隆帝御书楹联匾和额，慈禧太后亲笔所画的《梅花图》等。

白云观老律殿七真人像之部分

白云观带来的习俗

丘处机生前因劝说成吉思汗减少杀戮而受到敬重，蒙古太祖二十二年（1227）正月十九，丘处机羽化。此后，每年正月十九都举行大型斋醮仪式，信众也多来烧香祈福，逐渐形成老北京到白云观会神仙的习俗，俗称"燕

白云观八大弟子像

九节"，又称"烟九""宴九""淹九""阉九""宴邱"等。

因此，白云观年年举办老北京最大的道教庙会，每年正月十九都是白云观最热闹的一天，游人如织，热闹非凡。每年春节白云观庙会的传统节目，是骑驴、摸猴、打金钱眼，吸引成千上万游客。

根据老北京的民俗信仰，白云观内有三处石猴，雕刻在不同的地方，其中最有名的是山门明间的石券上雕刻的一只小石猴，仅9厘米大小。找石猴摸石猴，据说能够祈福、消灾、祛病。人们纷纷前往祈福消灾，福佑平安，同时也体会道教的精神：慈爱和同、济世利人、上善若水、和光同尘、德臻仙境、福臻家国。

福州涌泉寺三大殿

闽刹之冠的辉煌大殿

鼓山位于福州市东北隅，东界磨溪，西连福州平原，南临闽江，北接鼓岭。鼓山得名于山巅的巨石，形如鼓状，每逢风雨大作，便激荡有声。晋代著名文学家、训诂学家、地理学家郭璞的《迁城记》中，就有"左旗右鼓，全闽两绝"的记载。福州鼓山风景秀丽，历史文化悠久，宋代以来就是旅游避暑胜地。

涌泉寺坐落于鼓山海拔 455 米的山间盆地穹谷中，为福建寺庙之冠，是全国重点佛寺。涌泉寺规模宏大，布局独特，在 25 座殿宇中，最值得称道的就是天王殿、大雄殿和法堂。

鼓山山麓第一门

白云廨院

八闽古刹涌泉寺的历史

涌泉寺为福州五大禅寺之首，前临香炉峰，后倚白云峰，四周群山环绕，绿树郁葱，风景秀丽。据清代黄任《鼓山志》所载，涌泉寺"其先为潭"。

相传很久以前，此地深潭之中有一条毒龙，经常祸害当地居民的庄稼，是当地大患。唐建中四年（783），郡从事裴胄邀请僧人灵峤禅师来此地，诵读华严经，退走恶龙。裴胄感师之德，上奏朝廷，获赐"华严"匾额，在建潭边起华严寺。后值会昌法难，寺院被毁，僧众逃匿。

五代后梁开平二年（908），闽王王审知为镇潭，花费巨资开山填潭，大兴土木建起寺宇，建国师馆，邀请雪峰义存大师的高足神晏法师到此住持。

宋咸平二年（999），因寺前曾有一壑泉水如涌，宋真宗赐额"鼓山白云峰涌泉禅院"匾额；明永乐五年（1407）明成祖赐名"涌泉寺"，后于永乐六年（1408）及嘉靖二十一年（1542）两次毁于火灾，万历四十七年（1619）至天启七年（1627）间修复扩建，逐渐形成今天的规模；清顺治、康熙年间多次重修与扩建，康熙三十八年（1699），康熙帝颁赐"涌泉寺"匾额。

如今，涌泉寺基本保持明天启年间（1621—1627）的寺院格局，以及清代重修后的建筑形制。

涌泉寺的基本格局

涌泉寺是典型的山林佛寺，在寺址选择、建筑布局、殿堂设计、环境营造等方面都很有特色。

涌泉寺建筑布局的第一个特点是有迂回曲折的引导空间，大致分为三段：第一段是从"石鼓名山"的牌坊，到涌泉寺的山门和驻锡亭。两侧香

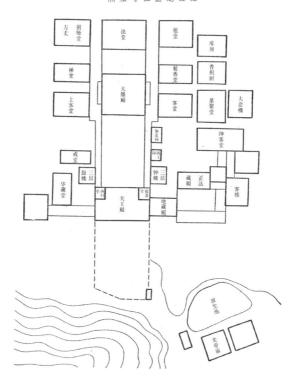

涌泉寺伽蓝配置图

鼓山半山亭阿育王塔

鼓山更衣亭附近宝箧印塔

鼓山涌泉寺第二门和驻锡亭

道古木参天，山门为亭式单檐四面坡建筑。

第二段是"万福来朝"牌坊、回龙阁和岁月寮等建筑。进入山门左行，香道有青石铺成，两侧立有高墙，道旁共有18座花岗岩五轮塔，左右相对而立。

第三段是从"万福来朝"牌坊到"海天砥柱"牌坊。

鼓山涌泉寺前全景

　　涌泉寺依山傍势，藏而不露，素有"进山不见寺，入寺不见山"之誉。
涌泉寺建筑布局的第二个特点是层层递进、主次分明。

　　涌泉寺占地 16 650 平方米，计有大小殿堂 25 个，以天王殿、大雄殿、
法堂为中心布局，符合隋唐以来以殿为中心按照中轴线纵深展开的布局传
统，整座寺院以大雄宝殿为中心，依山势由低向高逐层抬升，古树、峭岩
层出不穷，使得寺院建筑群整体上在错落有致中显得主次分明，山地佛寺
风格明显。

涌泉寺三殿

　　涌泉寺建筑主体是天王殿、大雄殿和法堂。

　　天王殿前，立有北宋二陶塔，原为福州市南台岛梁厝乡龙瑞寺之物，
1972 年移来，现被列为省级文物保护单位。

　　东塔为"庄严劫千佛陶塔"，代表过去佛燃灯佛；西塔为"贤劫千佛
陶塔"，代表现在佛释迦牟尼佛。两塔建于宋元丰五年(1082)，因此又称"元

鼓山涌泉寺天王殿

鼓山涌泉寺天王殿细部

鼓山涌泉寺大雄殿

鼓山涌泉寺鼓楼

丰陶塔"。两塔形制相同，八角九层，通高 6.83 米。塔身棕褐色，用陶土分层烧制后施釉，砌叠成为整体后用糯米粘合而成。各塔有塔铃 72 个，陶土烧制，多为近年仿制，清风拂过，声音悦耳。

双塔造型轻巧玲珑，为仿木楼阁式陶质实心建筑，八角九层，下为石制圭脚，其上为双层须弥座，塔身自下而上逐层收分，塔刹原有铁质覆钵，上置相轮，因年久朽坏，移置此地后改用覆莲、仰莲和葫芦顶，并用铁索加固。

两塔的塔壁上，各塑有 1 038 尊佛像，故称"千佛塔"，塔身还塑有镇塔武士 36 尊、僧人 36 尊，须弥座底层角柱雕袒胸露臂的托塔力士 8 尊，上层束腰饰有奔跑嬉戏的狮子，无不精雕细刻。整体看，千佛陶塔雕刻画面饱满，比例和谐，是典型的宋塔，具有较高的艺术价值。

天王殿又称弥勒殿，始建于五代后梁开平二年（908），古代宫殿式建筑。门口挂康熙帝手书"涌泉寺"匾额。

天王殿面阔 23 米，进深 22 米。七间之中，东西两间包檐为暗间，中间五间为明间，带有走廊。砖木结构、六架椽、九脊重檐歇山顶，屋脊鸱尾作双龙抢珠，脊背带一对吻兽坐狮，两边为福州地区特有的弧线风火墙，装饰墙头花。罕见的是，大殿正面为双檐，下檐比殿屋面低一层。

大雄殿是涌泉寺的核心部分，制式最高，为宫殿式建筑，始建于五代后，宋代重修，明代毁于火灾，现存建筑为清光绪八年（1882）重建。

大雄殿位于高大的石砌台基上，面阔 27 米，进深 25 米，抬梁式与穿斗式木构架，歇山式二重飞檐，出檐深远，覆青灰色琉璃瓦，下有六根花岗岩石柱。殿脊正中嵌有火焰宝珠，两端鸱尾各有一条飞龙。总体看，大殿为宋代"五脊、六兽、二起楼子"制式。

殿内供桌前是铜铸大香炉，两旁各立一尊童子铜像。正面佛龛上，是三尊闭目盘坐的参禅佛，高约 4 米。中为释迦牟尼佛，左为药师佛，右为阿弥陀佛，设计的精巧在于佛像眼部高度与香炉峰齐平。

三世佛后，为清康熙年间铁铸的西方三圣立像，表面贴金。大殿左右侧，是十八罗汉坐像。

值得一提的是，大雄殿天花板上有精美彩绘，清光绪八年（1882）绘制，金碧辉煌，共有各式图案 242 块，包括祥龙图 129 块、丹顶鹤图 86 块，还有象、猿、麒麟、白马等图 27 块。

法堂，地势最高，位于大雄殿之后的高台之上。同样始建于五代后梁开平二年（908），明崇祯二年（1629）重建，面宽 36 米，进深 21 米，砖木结构，悬山屋顶、复墙、八架椽。

法堂明亮开阔，供奉两尊汉白玉观音，一为"圣观音"，另一尊为"千

鼓山涌泉寺灵源洞和大悲阁

手千眼观音"，两侧塑诸天像 24 尊。

　　1929 年，日本学者常盘大定博士来此作了一个多月的考察，称涌泉寺为"中国的第一法窟"：

　　　　如今的涌泉寺（1929 年 1 月 10 日），可以说是中国首屈一指的昌盛寺院，常阁具备，他寺无以匹敌。上有朱子书写的闽山第一的榜文之门为第一门，经过白云廨院，渡过东际桥，就进入了山路。穿过中国罕见的松林，经过仰止亭、半山亭、圆通庵、更衣亭，就进入了寺域。半山亭内有阿育王方塔，更衣亭的附近有两座石塔。其中一座为宝箧印塔形式，塔身上阳刻有势至等四菩萨。进入寺域，首先左方有三座石塔。自此登上山径，到达第二门，曲折行进在砌道亚塀、密树郁葱之间，右方有驻锡亭。进入第二门，右边可以看到关帝庙。庙前有放生池，隔池相望，可以看到天王殿的正面。

从关帝庙遥望涌泉寺，可以看到天王殿、钟楼、大雄殿等纵横错综，鼓山中腹的茂林之间，白垩的屋檐和墙壁连成曲线，颇为壮观，倒映在放生池中，更添一层雄壮之美。

天王殿上挂有涌泉寺的匾额，前面设有五间玄关。玄关的石柱上有种种刻语。从屋顶内的支轮、梁上的束、虹梁的下端垂有垂花，全部施以赤绿白等颜色的彩绘，呈现着绚烂的颜色，内部还有四天王像，其中二尊正在被重新涂漆。不断的修治体现着寺门的昌盛。三层的钟、鼓二楼是刚刚新建好的。鼓楼和关帝庙是1926年年末的照片，和1929年著者前往探访之时的照片相比，可知其修筑不断之现状。

大雄殿、法堂的配置和普通无异。大雄殿为重层歇山式屋顶，用石柱，不用斗拱。前庭用高高的石垣支撑，顶部的葛石之上刻有石鼓名山，台阶下的左右各有用铁条构成的大柱子。大殿内部，三尊佛的背后，以地藏王佛为中心，左右配有舍利弗、目连两罗汉，这点在其他地方看不到。左右两侧排列着十八罗汉的台座之上刻着"嘉庆丁卯住山新妙募缘敬塑罗汉全身全堂"。这证明了嘉庆十二年进行了重修，其后还经历了多次重修。

涌泉寺的建置如插图所示，以天王殿、大雄殿、法堂为中心，右方有华藏堂、鼓楼、戒堂、上客堂、禅堂、祖师堂，左方有地藏殿、钟楼、闽王祠、伽蓝祠、客堂、餐香堂、祖堂、正法藏殿、客楼、绅客堂、星聚堂、大悲楼、香积厨、库房等。此外还有祖师堂、寿昌堂、经版楼等。这些全都是元贤再兴、道霈重兴以后的建筑，建置如此完备，他寺无匹。站在伽蓝的右方耸立的高丘之上，可以从侧面观看寺院全景，可见法堂、大雄殿、鼓钟两楼、华藏堂、客楼等外缘相连，如波澜起伏之状。

涌泉寺的"三铁"与"三宝"

涌泉寺有"三宝"：即陶塔、雕版、血经。

藏经阁，建于清顺治十六年（1659），保存佛经雕版上万块，多为楷书方册，精妙绝伦。此外还有如元刊本《延祐藏》，明版《南藏》《北藏》，清版《龙藏》，以及近代涵芬楼影印《日本续藏》《杂藏》善本等，计 20 346 册。

1929 年，日本学者常盘大定博士考察后记述如下：

鼓山涌泉寺经版楼所藏阿弥陀佛像（木板）　　鼓山涌泉寺经版楼所藏观音像（木板）　　鼓山涌泉寺经版楼所藏不坏金刚像（木板）

鼓山灵源洞附近宋代石刻

阿弥陀佛如来像

右手张开，呈与愿印，左手上托着宝珠。持有宝珠的应该不是宝生如来或者药师如来等。福州之地，自古以来继承明代莲池大师流派的作品比比皆是。为霖禅师著有《净业常课》一卷、《净土旨诀》一卷、《续净土生无生论》一卷。因此可以推测出此尊像为阿弥陀如来。上面记载有鼓山兴隆敬刊字样。

观音菩萨像

头戴弥陀的化身，双手交叉，立于云中，以慈眼视众生的目光注视着前方。取自唐代吴道子笔下的观音形象。上面刻有以"观自在菩萨"为开头的《般若心经》。

不坏金刚像

根据下部引载的《大权经》，可以得知不坏金刚到底是何许人物。据记载，世尊入灭之际，悯念众苦，以大遍知神力化出不坏金刚。金刚以使众生脱离苦难、佛法不灭为方便，说秽迹真言。

此金刚由佛的后得智而化现，有三头、八臂、九目、三面，八龙缠身，八手分别为都摄印、火轮金刚杵、罥索、铃音、利剑、宝印戟，红发向上竖起形成化佛，腕上佩戴着宝镯，脚踩阎浮址。云云。由此经说，可知此异形尊像到底为何许人物。经文中在之后还记载了佛灭之日、金刚十斋日、佛示现期，提到斋戒功德无量。

此外，藏经阁还收藏有用"贝多罗"树叶制成的巴利文南传佛经 7 种，历代高僧大德刺血书写的经书 657 册。

涌泉寺有"三铁"，是铁树、铁锅、铁丝木。

方丈室前有三株千年铁树，两雌一雄，为闽王王审知、首任住持神晏国师手植。千年铁树，年年开花，蔚为奇观。

斋堂香积厨中，有一口口径 1.67 米、深 0.8 米大铁锅，煮一次饭可供千人食用。

大雄殿内三圣像前的供桌，为铁丝木，据说遇火不燃，入水不濡，遇阴则潮，在历次火灾中幸存，保留至今。

今昔对比

常盘大定所见涌泉寺，是清代重修后的遗存。

与百年前的旧照对比，闽山第一亭和白云廨院原有建筑现已不存。

重建的半山亭，与原来的建筑样式不同，亭中的阿育王塔也已不存。更衣亭附近两座宝箧印塔（万寿塔）后来倾圮于路边，20 世纪 80 年代重修，增加了须弥座，更新了塔刹。

天王殿经过修葺后，忠实保留了原貌。鼓楼、钟楼、大雄殿也基本保持有形制。灵源洞、宋碑、喝水岩、国师岩等均保持原貌。《正法藏殿安奉大藏经灵牙舍利宝塔记》《重兴鼓山碑记》《重建鼓山禅寺廨院之记》《修藏经记》《增置鼓山寺田碑记》等碑铭均藏于寺中。

湖南石鼓书院

中国四大书院之一

101

石鼓书院远景

　　石鼓书院，位于今湖南省衡阳市石鼓区石鼓山，与白鹿洞书院、岳麓书院、应天书院并称"中国古代四大书院"。

　　"四大书院"并无统一标准，而是人们心中的评选，因此至少有五种说法：一为"岳麓、石鼓、白鹿、嵩阳"，二为"岳麓、石鼓、白鹿、应天"，三为"岳麓、石鼓、白鹿、睢阳"，四为"岳麓、石鼓、徂徕、金山"，五为"岳麓、嵩阳、白鹿、睢阳"。随着时代变迁，也会有所不同。

　　石鼓书院，现为湖南省第九批省级文物保护单位，国家AAAA级旅游景区。

石鼓书院的千年历史

唐元和五年（810），士人李宽中在此建屋读书，名曰书院。北宋至道三年（997），李士真扩建书院，成为衡州讲学之所，石鼓书院正式成为教育机构。后经几十年的苦心经营，石鼓书院逐步建立并健全了讲学、祭祀、藏书、学田等规章制度，致力于授徒讲学、崇祀先贤、刊刻书籍、收藏典籍，影响力日益提高。

宋景祐二年（1035），集贤校理刘沆奏请朝廷，得朝廷赐额"石鼓书院"，成为最早受到皇帝重视亲笔赐额的书院之一，地位高，影响大，苏轼、周敦颐、朱熹、张栻等均在此讲过学，各地学子纷纷前来求学。

之后，书院迁往稍微偏东之处，变成州学，规模日益扩大，最终与国子监的规模不相上下，并且邀请朱子为书院作记，朱熹虽然没有亲临石鼓书院讲学，但撰文《石鼓书院记》，让"石鼓有声于天下"。从此，石鼓书院天下驰名。

可惜在宋末与元末，石鼓书院两次毁于兵燹。

明代石鼓书院再度繁荣，但于明末毁于兵燹。

清代也有几次重修。到光绪二十八年（1902），改为衡阳官立中学堂，后改称"南路师范学堂"。

民国时期，改为衡郡女子职业学校、衡阳市立师范学校。

1944年，衡阳保卫战中，书院建筑全部毁于日军炮火，仅有部分摩崖石刻幸存。

纵观历史，中国的书院始于唐代，盛于宋代。湖湘文化作为具有地域特色的文化，可以追溯到先秦两汉时期的屈原、贾谊，但湖湘文化真正成

石鼓书院全景

石鼓书院门

石鼓书院入口

型于南宋期间。石鼓书院集教育、学术、文化于一身，兴贤育德，化民成俗，英才辈出，成就斐然，为湖湘文化的兴起奠定了坚实的基础，是湖湘文化的重要发源地之一。

朱熹《石鼓书院记》全文

石鼓据蒸湘之会，江流环带，最为一郡佳处。故有书院起唐元和间，衡州人李宽之所为。至国初时，尝赐敕额。其后，乃复稍徙而东，以为州学。则书院之踪于此，遂废而不复修矣。淳熙十二年，部使者潘侯始因旧址列屋数间，榜以故额，将以俟四方之士有志于学而不屑于课试之业者居之。未竟而去。今使者成都宋侯若水子渊又因其故益厂之，别建重屋，以奉先圣先师之像，且纂国子监及本道诸州印书若干卷，而俾郡县择遣修士以充入之。

盖连帅林侯栗诸使者苏侯诩、管侯鉴、衡守薛侯伯宣皆奉金费赍割公田，以佐其役，逾年而后落其成焉。于是宋侯以书来曰："愿记其实，以诏后人。且有以幸教其学者，则所望也。"予惟前

石鼓书院敬业堂

石鼓书院合江亭

代庠序之教不修，士病无为学，往往择胜地，立精舍，以为群居读书之所。而为政者，乃成就而褒表之：若此山、若岳麓、若白鹿洞之类是也。

逮至本朝庆历熙宁之盛，学校之官遂遍天下，而前日处士之庐无所用，则其旧迹之芜废，亦其势然也。不有好古图旧之贤，孰能谨而存之哉？抑今郡县之学官，置博士弟子员，皆未尝考德行道义之素。

其所受授，又皆世俗之书，进取之业，使人见利而不见义，士之有志为己者，盖羞言之。是以常欲别求燕闲清旷之地，以共讲其所闻而不可得。

此二公所以慨然发愤于斯役，而不敢惮其烦，盖非独不忍其旧迹之芜废而已也。故特为之记其本末，以告来者。使知二公之志所以然者，而无以今日学校科举之意乱焉。又以风晓在位，使知今日学校科举之害，将有不胜言者。不可以是为适然而莫之救也。

若诸生之所以学，而非若今之人所谓，则昔吾友张子敬夫所以记夫岳麓者，语之详矣。顾于下学之功有所未究，是以讲其言者不知所以从事之方，而无以蹈其实，然今亦何以他求为哉！亦曰：养其全于未发之前，察其几于将发之际，善则扩而充之，恶则克而去之，其亦如此而已，又何俟于予言哉！

石鼓七贤

石鼓书院是湖湘学派的重要基地，南宋诗人范成大在《合江亭》称石鼓书院具有"大约如春秋霸主"的地位。石鼓书院的历史上，出现过石鼓七贤，即韩愈、李宽中、李士真、周敦颐、朱熹、张栻和黄勉斋。明代李安仁等修《石鼓书院志序》称："文章如昌黎，则足以镇群哇而压辈嚣矣；道德如朱张，则足以继濂洛而溯洙泗矣。"

石鼓七贤之一的韩愈，于唐永贞元年（805）秋途经衡阳，登临石鼓，写下《题合江亭寄刺史邹君》，其中有"瞰临眇空阔，绿净不可唾"的名句。自此，合江亭又称"绿净阁"。宋代张栻亲书此诗，并刻石立于亭内。

石鼓七贤之二的李宽中，是石鼓书院的始建人。《石鼓李氏家族谱》载："宽，祖，字裕卿……结庐石鼓山，昌明理学，多士景从。"时任衡州刺史吕温也"常往访之"，与李宽中及诸生吟咏唱和，在《题寻真观李宽中秀才书院》中写下祝愿："愿君此地攻文字，如炼仙家九转丹。"

石鼓七贤之三的李士真，是李宽中族裔，不懈努力，于宋至道三年

湘水（石鼓书院）

（997）重建石鼓书院，后获赐宋仁宗"石鼓书院"匾额和学田。

石鼓七贤之四的周敦颐，不仅是石鼓名师，而且是理学鼻祖。周敦颐年幼丧父，宋天圣三年（1025），8岁时随母到衡州投靠舅父郑向，曾就读石鼓书院，直到20岁离开衡州出仕，后又曾多次到石鼓书院讲学授业。清代彭玉麟在《重修周子墓碑记》中感慨道："先生发伊洛之源，继洙泗之学，所著《太极图说》《通书》与《六经》并垂不朽。"周敦颐品格高洁廉雅，如今湖南衡阳西湖公园建有周敦颐雕像、爱莲亭、爱莲阁和爱莲池。

石鼓七贤之五的朱熹是理学大师，于宋淳熙十二年（1185）倡导衡州官府重修石鼓书院，倡导以义理之学授徒，强调德行道义在书院教育中的作用，后撰写《石鼓书院记》，并亲书"一郡佳处"悬匾。

石鼓七贤之六的张栻，是南宋理学家和教育家、湖湘学派一代学宗，与朱熹、吕祖谦并称"东南三贤"。他曾多次游历石鼓，登台讲学，作《武侯祠记》《风雩亭赋》《汉丞相诸葛忠武侯画像赞》，亲书韩愈《题合江亭寄刺史邹君》诗，刻碑嵌于合江亭壁。

石鼓七贤之七的黄勉斋，是朱熹的女婿与道统继承人。黄勉斋提举湖南学政时，应石鼓书院山长之请，上奏朝廷，以公帑将茶陵豪僧所霸占的350亩学田赎回给书院。

江山代有才人出，石鼓弦歌不绝千余年。石鼓书院出淤泥而不染、肝胆义结、造福于民、经世致用等文化内涵，是中华文化的重要组成部分。

石鼓书院现状

石鼓书院现位于蒸、湘、耒三水汇聚的石鼓山上，主要由武侯祠、李忠节公祠、大观楼、七贤祠、敬业堂、合江亭等建筑构成，总占地面积约4 000平方米。现为衡阳市传统文化教育基地，定期组织举行研学、表演、祭祀等活动。

百年前老照片所示石鼓书院情形，是清代康熙年间扩建的遗存，可惜于1944年在衡阳保卫战中，毁于日军炮火。目前所见书院建筑群，为2006年重建。

杭州净慈寺宗镜台

大师最后的栖息地

净慈寺大殿

　　净慈寺位于西湖南岸雷峰塔南面南屏山慧日峰下，始建于五代后周显德元年（954），原名永明禅院、慧日永明院，是吴越国钱俶为永明禅师延寿（904—975）而建。

　　净慈寺是西湖历史上四大古刹之一，中国著名寺院。寺内钟声洪亮，所以"南屏晚钟"成为"西湖十景"之一。南宋时改称净慈寺。

　　关于净慈寺的诗歌，当首推杨万里《晓出净慈寺送林子方》："毕竟西湖六月中，风光不与四时同。接天莲叶无穷碧，映日荷花别样红。"

净慈寺的千年往事

　　净慈寺始建于五代后周显德元年（954），由吴越王建造，并从衢州请来道潜禅师，尊其为第一任住持；宋建隆二年（961），又从灵隐寺请来延寿为第二任住持，延寿在此修行了长达 15 年之久，在诸宗学者的协助下撰写了具有代表性的大作《宗镜录》一百卷，融合华严、唯识、天台、禅诸宗而汇归净土宗，对宋代佛教走向影响深远，被奉为净土六祖。百年前，大殿左边不远处尚有宗镜台，内有延寿的墓塔。

南宋初，净慈寺经历两次烧毁与重建。

南宋绍兴九年（1139），御赐匾额"净慈报恩光孝寺"。后又建造了五百罗汉堂。

元明清，数次遭遇火灾，随即修葺。清代，康熙、乾隆帝南巡，多次来到净慈寺，并有赐额。

20世纪50年代，寺院得到修整；60年代，又有损毁。现在寺院主要建筑是80年代重建。

净慈寺宗镜台内宋智觉禅师延寿塔

净慈寺宗镜台

净慈寺大殿前石炉

宋延寿禅师与《宗镜录》

《宗镜录》是划时代的堂堂大作，集华严、唯识、天台等诸教诸学为一体，实现了禅和念佛的融合。延寿的传世偈语：

> 有禅无净土，十人中错落，阴境若现前，瞥尔随他去。
>
> 无禅有净土，万修万人去。若得见弥陀，何愁不开悟。
>
> 有禅有净土，犹如带角虎，现世为人师，来生当佛祖。
>
> 无禅无净土，铁床并铜柱，万劫与千生，没个人依怙。

延寿是法眼文益的法孙，还是天台德韶的法嗣，属于禅宗五家中的法眼宗。因此，延寿被尊为莲社念佛第六祖。

延寿圆寂后，寺内建起宗镜台和延寿塔。延寿塔是延寿法师的墓塔，极其少见地保护在建筑之内。

济公与净慈寺

今大雄宝殿西侧，有一座济祖殿，殿内供奉济公像，因此成为净慈寺最具传奇色彩的殿堂，殿前还有运木井、运木亭。

传说济公是"罗汉转世，应化人间"。宋嘉泰四年（1204），净慈寺又遭火灾，济公正在净慈寺为僧，四处募化，在严陵（富春江上游严子陵钓台）以袈裟覆盖诸山，山木自拔浮江而下，源源不断的大木从寺中香积厨的圆照井中运出。一直拉到第70根，在旁估算木料的木匠随口说了声"够"，井里的最后一根木头就再也拉不上来了。从此，圆照井被称为"运木古井"，那最后一根木头就一直留在了井底。

永明塔院内的对联

永明塔院，在净慈寺旁，正对雷峰塔。

北宋开宝八年(975)，永明延寿禅师圆寂。次年，门人立其塔于大慈山，并建塔院以志永记。

到了清代，雍正帝出于对永明延寿禅师的敬佩，称赞大师为"永明古佛""六祖以后第一大善知识"，加封为"妙圆正修智觉禅师"，并命"修葺塔院，庄严法相"。于是，永明塔院盛极一时。

1936年，塔院再次重修，僧众与社会贤达踊跃参与庄严隆重的重修落成纪念活动，一时成为盛事。诸宗大德、社会名流撰联挥毫共襄盛举。塔院石柱上，至今保留了高僧名家的10多首义理丰富、书法精美的楹联。

楹联一，位于塔院正面，净土宗十三祖印光大师撰联：

> 宗镜圆照万善同归本教义而续慧命
> 法华一部佛事百八振大机以警群伦

上款为"佛历二千九百六十三年春永明延寿禅师塔院成为题柱志喜"；落款是"古莘释印光敬撰江南净业学人萧退合书"。此联高度概括了永明延寿禅师作为禅宗法眼三祖与净土宗六祖的成就，诸宗融合、禅净双修、万善同归，奠定了宋代及以后中国佛教发展主潮流的基础。

楹联二，位于塔院后面石柱，由近代佛学大师、佛教革新家太虚大师撰联：

即佛即心大云忽雨翼龙降

有禅有净古塔重光角虎来

其上款是"净慈永明塔院重修"，落款为"丙子初夏太虚撰书"。此联称赞永明延寿禅师为佛门龙象狮虎，化用"有禅有净土，犹如带角虎"偈语，昭示着佛门龙象又降，角虎再来，佛日永明，后继有人。

楹联三，位于后面石柱，由近代天台高僧兴慈法师撰联：

宗镜大道场集万善同归冥主钱王咸尝奉为师表

寿宁新祖塔对一湖共澂缁流士信齐来深种菩提

落款是"丙子初夏石梁比丘兴慈敬书"。此联回顾了永明延寿禅师曾以广大慈悲心建议吴越国国君钱弘俶"舍别归总，纳土归宋"，避免了一场生灵涂炭的大战乱。

楹联四，位于塔院右面石柱，由近现代名僧大醒撰联：

净土突兴禅宗不败打破门庭独树家风赖角虎四偈

玄奘以后蕅益之前融通性相支维慧命得大师一人

上款是"永明大师塔院丙子重修"，落款为"学教学僧大醒敬撰并书"。此联简明概括了永明延寿禅师的佛学思想特色，指出了其在中国佛教史上的重要地位。

楹联五，位于塔院正面，由一代鸿儒马一浮先生撰联：

随处得宗一湖春水

心外无法满目青山

"一湖春水"出典自《景德传灯录》卷二十六，永明延寿禅师在回答"如何是永明妙旨"时，面对西湖春水，道出偈曰："欲识永明旨，门前一湖水，日照光明生，风来波浪起。"

石佛洞三佛

石佛洞，位于距净慈寺后慧日峰北麓的莲花洞东侧，为石灰岩巨石，向西北方凸出，古人开凿为露天洞窟，成为一所大型石龛。石佛洞基本为坐东面西，窟内宽250厘米、进深约480厘米。

现存记述石佛洞的著作，是明代王绍传《西泠游记》："净慈寺……辟堂扉而北为莲花洞……孤亭苍烟中，名居然。群峰挂其楣，为南屏最高处。亭右一狭，三面皆巨石，如削成。深二丈，广一丈有奇。石壁镌古佛像五躯。左方'寰中天室'四大字，前开府胡公题。"

石佛洞三佛

民国初年，杭州学者钟毓龙在《说杭州》中记录道："石佛洞，在莲花洞右，两石相夹如龛，内镌石佛三像。明胡宗宪书'寰中天室'四字，字径一尺二寸。洞下为少林壁，相传少林崧禅师尝面壁入定于此。上刻大楷书'少林'二字，字径三尺，宋楼钥书。近人游览者，多至净慈寺而止，探幽讨古者鲜，此等名迹湮没久矣。"

日本学者关野贞记载："净慈寺的背后，慧日峰的中腹有一石佛洞。开凿岩石而成，呈无盖的室形，岩壁上刻有三佛。中尊居于方座之上，衣襟遮住了方座的前面。左右尊都趺坐于莲花座上。三尊佛像都没了头部，且损坏苔蚀十分严重，无法完全辨认出其当初的样式。从其衣纹的手法和台座的样式来看，应该是五代或者宋初之物。"

1992年底，当代学者常青与倪亚清先生调查了净慈寺后的这处佛教造像地点。常青在《杭州净慈寺后慧日峰佛教摩崖窟龛造像》一文中指出，东壁为正壁：

> 正壁大龛内造三佛坐像，现南壁大龛内即为"寰中天室"题记，北壁大龛内已无造像。在南壁"寰中天室"龛之上方还有一龛，内造卢舍那佛与文殊、普贤菩萨像。其中，正壁大龛：圆拱龛，高155、宽206、深62厘米，龛之下沿距靠正壁的基坛表面约28厘米，龛内造三尊结跏趺坐佛像。三佛下座高约35厘米。原三佛头部均佚，现头部为20世纪20年代以后的补做。

与百年前的照片相比，石佛洞中的三佛像，没有明显的新的残损。

百年变化

与百年前的老照片相比，山门经过重修，样式大致相似。宗镜台和延寿塔，今已不存，现在所见延寿塔是新造之物，形制与原塔不同。清康熙三十八年（1699）御书"南屏晚钟"碑，已经被毁，现在所见乃近年复制的石碑。

独乐寺观音阁

辽代遗构

119

独乐寺位于河北蓟县（今天津市蓟州区，下同），是中国现存著名的古代建筑之一，占地总面积 1.6 万平方米。寺内现存最古老的两座建筑物山门和观音阁，重建于辽统和二年（984），是目前全国所存不多的辽代遗构之一。

现为首批全国重点文物保护单位、天津市人民政府批准的特殊保护等级历史风貌建筑、天津市非物质文化遗产、国家 AAAA 景区。

与百年前的老照片对照，庑殿顶的山门及山门内的两尊金刚力士、观音阁及观音阁内的十一面观音菩萨塑像，经过修整，依然保持原有样貌。

千年独乐寺

独乐寺建寺时间，已经难以考证。

清初朱彝尊《日下旧闻》引《盘山志》："独乐寺不知创自何代，至辽时重修，有翰林学士承旨刘成碑，统和四年孟夏立石。其文略曰：故尚父秦王请谈真大师入独乐寺。修观音阁，以统和二年冬月再建，上下两级，

独 乐 寺 观 音 阁 平 面 图

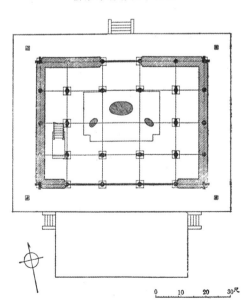

0　　10　　20　　30尺

东西五间，南北八架，大阁一所，重塑十一面观音菩萨像。"

目前资料显示，唐贞观十年（636），安禄山曾经在此誓师起兵叛唐。

辽统和二年（984），重建山门和观音阁。

明万历二十五年（1597），曾经大规模修缮。

清乾隆十年（1745），乾隆帝到访独乐寺，作诗《寄题独乐寺》。后经重修后，作诗《独乐寺——时命重修落成，路便临憩》。

1917 年，划拨西院为师范学校。

1931 年，划拨为蓟县乡村师范学校。

1931 年 5 月 29 日，日本学者关野贞及其随行驱车经过，开展调查。

1932 年 4 月，梁思成开展详细调查，并撰写考察报告。

1961 年，独乐寺被国务院列入第一批全国重点文物保护单位。

1966 年，寺庙遭到破坏。梁思成建议对观音阁采取保护措施，"装避雷针、安门窗，为防止鸟类落在观音头像上，要为观音头像上罩铁丝网"，使独乐寺受到了妥善保护。

1976 年，观音阁修整时发现壁画。

1990 年，保护性修缮。

1993 年，国家文物局将独乐寺列为申报世界文化遗产预备清单项目。

关野贞与独乐寺的巧遇

1931 年 5 月 29 日，日本学者关野贞及其随行驱车去清东陵调查。途经蓟县县城时，无意间透过车窗看到路边的一座古建筑，虽有砖墙相隔，仍可见巨大的四坡屋顶。关野贞"一瞥之下"就认定这是古建，"遂停车，从旁小门进入"。观览后，他发现是一座山门，与后面的高阁都是辽代遗构，阁内的几尊塑像也是辽代遗存。

1944 年，与关野贞同行考察的学生竹岛卓一已是名古屋高等工业学校教授，致力研究辽代建筑及《营造法式》多年。他回忆说，当年自己刚从东京大学建筑学科毕业 3 年，第一次来到华北，对关野贞如此敏锐的眼光，依然充满敬佩。1931 年是关野贞第 6 次来华考察，次年发表论文，

独乐寺山门前景

认为独乐寺建筑许多关键的特征都与大同华严寺、善化寺以及应县木塔有很多相似之处。

从独乐寺返回北平后，关野贞又特地再次前往大同深入研究，重访他1918年曾经调查过的这几座殿宇，并发现了华严寺薄伽教藏殿梁下辽重熙七年（1038）的题记，证实又是一座辽代建筑。

关野贞把独乐寺建筑介绍给了世界。他在考察报告的开头部分这样描写：

独乐寺山门斗拱和屋檐

独乐寺在河北省蓟县城内。独乐寺观音阁再建于辽圣宗统和二年（984），相当于北宋太宗雍熙元年。独乐寺不惟是今日中国已知最古老木造建筑，其规模宏壮，手法亦雄大。尤其内殿有庄严、雄伟之观音立像，巧妙至极，足见良工苦心。如此特殊之构造，实他处所未见。睹之，亦可知当时随着佛教之隆盛，建筑技术亦异常发达。

更令笔者瞩目者为本尊十一面观音。观音像与建筑物同时造成。即便后世有修补、加彩之处，而最初之状犹存。像全高五十余尺，体躯甚伟，为中国最大者。其胁侍立像最晚亦不下于辽代，乃极罕见之杰作。

山门与观音阁相同，皆统和间再建之物。其构造手法不仅为辽代代表之作，内部安置之金刚力士塑像亦属于辽代之物。虽有后世修补，而大体可传当初之样式手法。

独乐寺自古即著名之大伽蓝。明王宏祚《修独乐寺记》载，"是州也，宫观梵刹之雄，以独乐寺称。寺之雄，以大士阁称。阁之雄，以菩萨像称。"观音阁内殿正面有乾隆御笔"普门香界"匾额，初层正面有咸丰御笔"具足圆成"匾额，以此可知乾隆、咸丰时代独乐寺之昌盛。"独乐晨灯"为渔阳八景之一，可见该寺自古即为著名之风景胜地。

梁思成考察独乐寺

1931 年，梁思成原计划于 11 月 10 日赴蓟县考察，但因时局动荡而无法成行。

1932 年 4 月，梁思成第一次前往独乐寺进行调查，带领中国营造学社成员详细测绘独乐寺观音阁及山门，并于 1932 年 6 月在《中国营造学社汇刊》发表学术论文《蓟县独乐寺观音阁山门考》。文中附测绘插图 69 幅，实物与文献相结合，归纳了这次研究的经历、方法与成果。论文方法科学、测绘精确、考证严密，使独乐寺闻名海内外。这篇论文，后成为研究中国建筑的学术典范。

独乐寺山门金刚力士

1964 年 4 月，梁思成到蓟县联系重新测绘独乐寺事宜，认为 1932 年的那次测绘受技术条件的限制，还有疏漏，要重新测绘。随后，梁思成组织了清华大学建筑系的 15 名学生到独乐寺测绘。

观音阁为歇山式屋顶，面阔五间，进深四间，高 23 米，是中国现存最古老的木结构楼阁。观音阁外观是两层，上下层之间还有一个无窗的隔层，因此内部共为三层。观音阁斗拱用材硕大，共有 24 种形式。观音阁在造型上兼有唐朝雄健和宋朝柔和的特色，是辽代建筑的一个重要实例，梁思成称独乐寺为"上承唐代遗风，下启宋式营造，实研我国建筑蜕变之重要资料，罕有之宝物也"。

观音像高达 16 米，造型精美，是现存最高的彩色泥塑站像之一。

观音阁四周有精美的元代壁画，明代重描，全长 45.35 米，总面积 142.85 平方米。

梁思成在《中国建筑史》中，这样描写独乐寺观音阁：

> 观音阁上下分两层，并平座一层，共为三层。凡熟悉敦煌壁画中殿宇之形状者，无不一见而感觉二者之相似者也。阁平面长方形，广五间，深四间，柱之分配为内外二周。阁正中为坛，上立十一面观音塑像；阁层层绕像构建，中层至像股，上层楼板中留六角井至像胸部，下层外檐柱头施四杪重拱铺作，隔跳偷心，仅于第二跳施重拱，第四跳施令拱承替木。第三跳华拱则后尾延长为乳栿，以交于内柱铺作之上。补间则仅在柱头枋隐出重拱形，不出跳。内柱较外柱高一跳，铺作双杪重拱以承中层像阁道，其第二跳华拱后尾，即外檐第三跳华拱后尾所延长而成之乳栿也。内柱铺作之上叉立平座童柱。
>
> 第二层为平座层，介于上下两主层间，如"亭子间"然。其外柱不与下檐柱相直，而略退入，柱头铺作出三杪，内柱则叉立于下层斗拱之上，即所谓"叉柱造"者是，其柱头铺作出两杪。以承上层楼板绕像胸之六角井口。井口之四斜面，

独乐寺观音阁南面全景

独乐寺观音阁初层斗拱和屋檐

独乐寺观音阁上层斗拱和屋檐

独乐寺观音阁内部斗拱

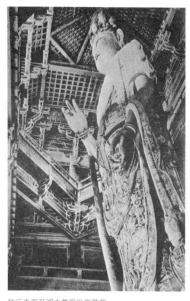

独乐寺观音阁本尊观世音菩萨

独乐寺观音阁右胁侍帝释天

以驼峰承补间铺作。

上层九脊顶，外柱用双杪双下昂铺作，其第一及第三跳偷心。第二跳华拱后尾为乳栿，昂尾压于草乳栿之下。内柱华拱四杪，亦以第二跳后尾为乳栿。其第四跳上承四椽以承斗八藻井。

阁所用斗与佛光寺大殿相似之点甚多，但所用梁栿均为直梁而非月梁。除佛光寺大殿外，此阁与山门乃国内现存最古之木构，年代较佛光寺大殿后一百二十七年。十一面观音像高约十六米，为国内最大之塑像，与两侧胁侍菩萨像均为辽代原塑，富于唐末作风。

独乐寺观音阁十六罗汉壁画

独乐寺观音阁十六罗汉壁画，以与佛教相关的神话故事和传说为主要题材，每幅壁画相互独立，又彼此联系。观音阁有十六尊罗汉像，形态端庄。元明时期以及之后，经历了多次的修饰和加工，壁画的下层还覆盖着

独乐寺观音阁观世音菩萨头部

独乐寺观音阁右胁侍帝释天头部

其他壁画。

　　第一幅罗汉，身披红色袈裟，右手掐指，面颊丰满，双目凝视。前站四人低首作礼：一人身着官服；一人是身着蓝色长衫的儒生；一人是头戴七梁冠，身着红色长衫，双手持笏的道士；一人是头戴黑色僧帽，身披紫色袈裟的僧官。这些构成一幅朝廷献官和儒、道、释礼佛图，体现"三教合一"场景。

　　第二幅罗汉是长眉僧，披红条绿色袈裟，双目前视，两手托举长至腰间的双眉。身旁一弟子持香炉恭候，左右各有一位信士。身后水浪中有一神兽，浮出半身。

　　第三幅罗汉，头戴风帽，身穿红色袈裟，左手持净水瓶，右手作前召请印，庄严慈悲，侧身施舍四名饿鬼。

　　第四幅罗汉，面目苍老，双耳坠环，着绿条白色袈裟，左手握袈裟一角，右手捻珠，神情严肃，关注身旁的两名妇女。

　　第五幅罗汉，面庞饱满，蓄有胡须，身穿绿条红色袈裟，肩背绿色褡裢，系口处挂"佛"字红牌，左手直指一个罪犯和一名解差，用法力打开罪犯头上的枷锁。画面生动表现劝人弃恶向善的主题。

第六幅伏虎罗汉，披蓝条绿色袈裟，胸半袒，托一支正在燃烧的蜡烛，以及身后的十六支蜡烛，表现佛教"传灯"主题，寓意佛法能破除黑暗。罗汉的左侧身后，有两只被降伏的猛虎。

第七幅罗汉，身披绿条粉色通肩大衣，头戴风帽，圆脸大耳，左手提拂尘，右手向种福田的人抛去能够超越生死轮回的阿罗汉果。

第八幅罗汉，面颊清瘦，身披绿条红色袈裟，右手掐指，左手持有柄莲花香炉。左侧有三男二女正向其弟子递交经卷、积德还愿。

第九幅罗汉，身穿红条蓝色袈裟，面颊丰满，双目圆睁，交手合掌于腹部。罗汉右侧，有一群男女老少围在一水潭边喝圣水，体现普济众生的主题。

第十幅罗汉，身穿蓝条紫色袈裟，面颊瘦削，络腮胡，脚踏莲台，侧身站立，左手握有经卷，右手拿着系经卷的绳子，再现潜心攻读佛法、为世人指点迷津主题。

第十一幅罗汉，身披紫条绿色袈裟，侧身站立，面目清秀。左手捋袖，右手为一位信众摩顶。

第十二幅罗汉，身穿绿条粉色袈裟，高鼻，穿耳环，西域梵相，左手捋袖，右手伸开，双目正注视着刚从手中掷出的一支神笔。

第十三幅罗汉，披绿条红色袈裟，头戴风帽，面庞方正，脚穿草鞋，右手扶着肩上锡杖，正四处化缘。左手托钵，观看左手托钵招引来的一群小鸟觅食，体现福佑世人的主题。

第十四幅是降龙图，罗汉双目圆睁，右手托宝珠，左手指二恶龙，身后海浪中还有三条龙在翻腾。画面表现佛教神通广大，法力无边的主题。

第十五幅罗汉，身穿着绿条白色袈裟，面颊消瘦，高鼻深目，手捻佛珠，倾侧身体说法。身后人，胡人相貌，身着汉服，拱手作礼。画面体现中西文化交流的主题。

第十六幅罗汉，身披蓝条白色袈裟，面庞圆润，大眼高鼻，左手掐指，右手提袈裟一角，探身俯视人间。画面再现相信佛法、虽愚必明的主题。

从十六罗汉壁画的图像内容来看，包括传法题材、救度题材、教化题材、神通题材等，生动描绘十六罗汉行走世间，传承佛法并教化、救度众生的景象。

从表现手法来看，壁画上人物共有70多个，但整个画面井然有序，气势宏大。究其原因，一是注重处理罗汉与世俗人物的比例关系，世俗人物最高不超过罗汉一半身高，以突出罗汉为主要目的；二是罗汉大多是正面，侧身角度小，而且每位罗汉袈裟条纹与底色同中有变，罗汉之间相隔1.5米左右，为连环画式结构，适合壁画观赏移步异景的特点；三是每位罗汉身边的世俗人物一般不超过7个，以每位罗汉为中心组成各自独立的画面与相对完整的故事情节。

独乐寺三绝

独乐寺是由山门、观音阁、韦驮亭、乾隆行宫等建筑构成了规模壮观的古代庙宇建筑群。

独乐寺以"三绝"著称。

一绝为独乐寺山门，是我国现存最早的庑殿顶辽代山门，"当心间"面阔6.17米，两旁的"梢间"面阔5.23米。正脊两端鸱吻形态古朴，气势威武，生动逼真，是现存最早的鸱吻造型实物；梁柱粗壮，斗拱硕大。面阔三间，进深两间，中有穿堂。前两梢间内有两尊辽代彩色泥塑金刚力士像，后两梢间内绘有"四天王"清代彩色壁画。

二绝为独乐寺观音阁，是我国仅存的最古老的木结构高层楼阁。

三绝为观音阁内的观音菩萨像，是我国仅存的最大的古代泥塑之一。

宋辽金时期，泥塑工艺和铁艺迅速发展，采用漆和金属制作佛像的情况越来越多，佛像的形体也越来越大，这就需要更加高大的佛殿。这座高16米的泥塑观音像，头部直抵三层的楼顶，因其头上塑有十个小观音头像，故又称为"十一面观音"。观音像面如丰润慈祥，两肩下垂，虽制作于辽代，但其艺术风格类似盛唐时期。

沧浪亭

苏州现存最古老的园林

沧浪亭位于今苏州市姑苏区人民路沧浪亭街3号，是苏州现存最古老的园林，也是苏州最具有代表性的园林之一。1982年，沧浪亭被列为江苏省文物保护单位；2000年，作为《世界文化遗产苏州古典园林增补项目》被联合国教科文组织列入《世界遗产名录》；2006年，被国务院列入第六批全国重点文物保护单位。

苏州园林

古城苏州，地处长江、运河、太湖、东海之间，气候温和，雨量充沛，自然条件丰富，自古就是鱼米之乡，素有"苏湖熟，天下足"的美誉。

苏州因水而兴，因河而旺，水运交通十分发达，"古宫闲地少，水港小桥多"。苏州建城2 500余年的历史中，城市格局变动较小，是商业最繁华的南方城市之一。

苏州园林的历史，可追溯至春秋时期吴王的园囿。苏州园林成于五代，兴于宋元，盛于明清。《苏州府志》记载，明代有271个大大小小的园林。明清时期，苏州城内纷纷建私家园林。到清末，苏州城内的私家庭园有300多处，星罗棋布，遍布市井。现保存完整的尚有60余处。

历代石刻与名画，定格了苏州在历史上的繁荣景象，如南宋《平江图》《盛世滋生图》《真赏斋图》《玩古图》《双桂轩弹琴图》《三百六十行图》，形象刻画了古城的风光、繁华的市井，以及优雅精致的园林。闲适儒雅的园林生活场景，被刻意渲染出来，如此也潜移默化地影响到了苏州的市井生活。

吴门画派，有著名的"明四家"，包括沈周、文徵明、唐寅、仇英，山水作品带有文人的归隐理想，笔下的自然山水与人工庭园融合一体，其淡雅精细的绘画风格直接间接地影响了造园艺术。

苏州，也是唐诗宋词的故土。贺铸在苏州横塘驿写下《青玉案》："试问闲愁都几许，一川烟草，满城风絮，梅子黄时雨"，从此被称为"贺梅子"。

其余艺术形式，如昆曲、说书等艺术，综合成了苏州文化。

苏州是"园林之城"。园林，是苏州的象征。数量多，造园水平高，精巧雅致，是江南园林的典范，在全国首屈一指。园林大师陈从周有"苏州园林甲于江南，江南园林甲于天下"的评价。

与其余地区的园林相比，苏州园林特征明显。

苏州园林特征之一：小巧精致的"城市山林"。

温润的江南水乡，小桥流水，粉墙黛瓦，滋生了精致的苏州园林。在城内造园，既可以享受富足的城市生活，又能够拥有一方清幽古朴的天地，亲近自然山水。这种"城市山林""咫尺之内再造乾坤"，贵在闹中取静，与车水马龙的市井街衢一墙之隔，就是鱼戏莲叶的悠闲与满地蕉荫的恬静。如此，苏州园林突破了空间局限，创造出幽深曲折、移步换景的丰富园景。

苏州园林特征之二：文人山水之园。

水陆相邻，河街并列，就是姑苏情调。人的情感，是园林的灵魂。与气势宏大的北方园林相比，苏州园林多精巧的文人山水之园。吴门烟水中，独享、萧疏、宁静的文人山水之园，成为中国古典园林的典型代表。苏州名园中，山水配比上，网师园以水取胜，环秀山庄以山为主，拙政园则是山水参半。清人张潮《幽梦影》，有"文章是案头之山水，山水是地上之文章"的名句。陈从周《说园》总结为："一园之特征，山水相依，凿池引水，尤为重要。苏南之园，其池多曲，其境柔和。"

有山水，就有植物。苏州园林中，植物有 100 余科，共 250 余种。园林植物的色彩与造型，大多具有人赋品格的特点，通常是优雅、挺拔、傲寒，体现文人雅士自况的品格、意趣与追求。乔木灌木、翠竹幽篁，各有用意。同时，植物也衬托了亭台廊榭的内外空间，呼应自然界的四时变化。

文人意绪写入园林中的所有要素之中，无论是山光潭影、亭台轩榭，或是草木虫鱼、云烟霞彩、芭蕉雨声，从而使得园林成为人类精神创造的第二自然：意境深远、构筑精致、艺术高雅、内涵丰富。

苏州园林特征之三：在有限的内部空间里，完美再现外部世界的空间。

苏州园林在外观上，并不是五彩纷呈的张扬，而是粉墙黛瓦的素雅简朴，显得内敛封闭。园林门面简朴，高墙封闭，里面却别有洞天。日常起居，通常还有一个"备弄"方便进出。常有一个狭长的过道，连通仆人居

苏州沧浪亭

沧浪亭西北方向的寒山寺

住的厢房、厨房，并连通主人居住的内室。

　　平面布局上，苏州园林常常分为住宅与庭园两个部分。开放的庭园，与封闭的住宅，有分有合，巧妙结合，既独立又呼应，既有区别又相互贯通。住宅建筑，通常按照中轴线排列，依次构建门厅、正厅、内厅、书房，有纵深感；而庭园则不求对称、不求整齐、不求均衡、不求规则，反而力求变化，游廊小径蜿蜒于亭台楼榭之间，避免重复，造出"静、远、曲、深"的园林之景。

　　造景，最讲究借景：既可远借园外的山水美景，纳入园内；又可互借园内景致，互相映衬。

　　苏州古典园林，精雕细琢，意境高远，反映了中国文化取法自然而又超越自然的思想，代表着享受生命的一种实践，一山一水、一草一木，视觉上有花遮柳护，听觉上则有雨落残荷，嗅觉上也有暗香浮动，于是，精神上就有了寄托。

　　叶圣陶先生在《苏州园林》一文中这样总结苏州园林的特点："设计者和匠师们因地制宜，自出心裁，修建成功的园林当然各个不同。可是苏州各个园林在不同之中有个共同点，似乎设计者和匠师们一致追求的是：务必使游览者无论站在哪个点上，眼前总是一幅完美的图画。"

1997 年，阔大的拙政园、精致的留园、小巧的网师园与叠石高超的环秀山庄（颐园），这四座苏州园林被联合国教科文组织列入世界文化遗产名录。其后，狮子林、艺圃、耦园、退思园和沧浪亭等 9 座苏州园林，也被列入《世界遗产名录》。

苏舜钦与沧浪亭

沧浪亭，是与北宋诗人苏舜钦关联在一起的。苏舜钦（1008—1048），字子美，是北宋诗文革新运动中的重要人物，与欧阳修、梅尧臣齐名，被称为"欧苏"或"苏梅"。早年以书佐饮，留下"汉书下酒"的典故。

北宋庆历四年（1044），苏舜钦因支持范仲淹推行的庆历革新，遭到劾奏罢黜后，闲居苏州，修建沧浪亭，写下千古名篇《沧浪亭记》。

庆历四年，还有一位被贬官的文人，就是滕子京（滕宗谅）。滕宗谅"谪守巴陵郡"后，正如范仲淹《岳阳楼记》开篇所写，以"政通人和，百废具兴"的功绩，于庆历七年（1047）调任苏州知州，可惜上任后不久就因病去世了。

庆历五年（1045），欧阳修被贬为滁州知州，写下《醉翁亭记》，留下"醉翁之意不在酒，在乎山水之间也"的典故。

历史，常常在偶然之中带有必然。庆历年间的三次贬黜，无意中催生的《沧浪亭记》《岳阳楼记》《醉翁亭记》这三大散文名篇，被后人统称为"庆历三记"。

三人之中，苏舜钦被削籍为民，受到的处罚是最重的。

沧浪亭一带，五代时吴越国的外戚与高官孙承祐（936—985）曾建造离宫。孙承祐的姐姐，是吴越忠懿王（钱俶）妃。

苏舜钦喜爱苏州盘门一带的景物，早年曾写过《过苏州》一诗："东出盘门刮眼明，萧萧疏雨更阴晴。绿杨白鹭俱自得，近水远山皆有情。万物盛衰天意在，一身羁苦俗人轻。无穷好景无缘住，旅棹区区暮亦行。"庆历五年（1045），苏舜钦流寓吴中，谪居苏州，但居无定所，是年秋天写下《迁居》："岁暮被重谪，狼狈来中吴，中吴未半岁，三次迁里间。"不久，苏舜钦到盘门与府学一带游玩，见孙承祐的离宫已经倾颓，便以四万钱购沧浪园，立沧浪亭，号沧浪翁，并作《沧浪亭记》：

> 予以罪废，无所归。扁舟吴中，始僦舍以处。时盛夏蒸燠，土居皆褊狭，不能出气，思得高爽虚辟之地，以舒所怀，不可得也。
>
> 一日过郡学，东顾草树郁然，崇阜广水，不类乎城中。并水得微径于杂花修竹之间。东趋数百步，有弃地，纵广合五六十寻，三向皆水也。杠之南，其地益阔，旁无民居，左右皆林木相亏蔽。访诸旧老，云："钱氏有国，近戚孙承祐之池馆也。"坳隆胜势，遗意尚存。予爱而徘徊，遂以钱四万得之，构亭北碕，号"沧浪"焉。前竹后水，水之阳又竹，无穷极。澄川翠干，光影会合于轩户之间，尤与风月为相宜。
>
> 予时榜小舟，幅巾以往，至则洒然忘其归。觞而浩歌，踞而仰啸，野老不至，鱼鸟共乐。形骸既适则神不烦，观听无邪则道以明；返思向之汩汩荣辱之场，日与锱铢利害相磨戛，隔此真趣，不亦鄙哉！
>
> 噫！人固动物耳。情横于内而性伏，必外寓于物而后遣。寓久则溺，以为当然；非胜是而易之，则悲而不开。惟仕宦溺人为至深。古之才哲君子，有一失而至于死者多矣，是未知所以自胜之道。予既废而获斯境，安于冲旷，不与众驱，因之复能乎内外失得之原，沃然有得，笑闵万古。尚未能忘其所寓目，用是以为胜焉！

北宋时的沧浪亭一带，三面环水，草木葱郁，虽在城里却犹如郊外，蕴含大隐于市的感觉。苏舜钦在原有地貌的基础上，因景写意，以水环园，当水筑亭，以《楚辞·渔父》和《孟子·离娄》中的沧浪之歌"沧浪之水

沧浪亭附近的报恩寺（北寺）大塔

清兮，可以濯我缨。沧浪之水浊兮，可以濯我足"来命名亭子，而且园以亭名，抒怀咏志，寄托了愤世嫉俗的隐逸情怀。沧浪亭，成为苏州唯一以亭命名的园林，也是现存最早的文人园林。

园林落成之时，苏舜钦写下《沧浪亭》一诗：

> 一径抱幽山，居然城市间。
>
> 高轩面曲水，修竹慰愁颜。
>
> 迹与豺狼远，心随鱼鸟闲。
>
> 吾甘老此境，无暇事机关。

中国古代文人关注两极:钟鼎与山林，分别象征庙堂之高与江湖之远。吴地素有隐逸的传统，春秋时期的范蠡、西晋的张翰、唐朝的陆龟蒙，都是退隐高士。苏舜钦继承和发扬了这个传统，体现在其《沧浪静吟》一诗:

独绕虚亭步石矼，静中情味世无双。

山蝉带响穿疏户，野蔓盘青入破窗。

二子逢时犹饿死，三闾遭逐便沉江。

我今饱食高眠外，唯恨醇醪不满缸。

其另一首七言绝句《初晴游沧浪亭》，则是借景抒情，表面上描写雨后沧浪亭的景色描写，实则表达了心中的恬静安逸:

夜雨连明春水生，娇云浓暖弄阴晴。

帘虚日薄花竹静，时有乳鸠相对鸣。

其《暑中闲咏》，清晰地表明园内可以居住:

嘉果浮沉酒半醺，床头书册乱纷纷。

北轩凉吹开疏竹，卧看青天行白云。

苏舜钦时期的沧浪亭，面积比现在大一倍，可觞咏浩歌，可宴宾酬唱，也可垂钓与种植。苏舜钦常驾舟在附近游玩。沧浪亭，成为归隐山林、隐居江湖的理想场所，代表超脱的人生态度，象征摆脱桎梏的自由精神。

北宋诗人梅尧臣曾经亲临沧浪亭，写下《寄题苏子美沧浪亭》:

闻买沧浪水，遂作沧浪人。置亭沧浪上，日与沧浪亲。

宜曰沧浪叟，老向沧浪滨。沧浪何处是? 洞庭相与邻。

竹树种已合，鱼蟹时可缗。春羹芼白菝，夏鼎烹紫莼。

黄柑摘霜晚，香稻炊玉新。行吟招隐诗，懒戴醉中巾。

忧患两都忘，还往谁与频。昨得滁阳书，语彼事颇真。

曩子初去国，我勉勿迷津。四方不可之，中土百物淳。

今子居所乐，岂不远埃尘。被发异泰伯，结客非春申。

莫与吴俗尚，吴俗多文身。蛟龙刺两股，未变此遗民。

读书本为道，不计贱与贫。当须化闾里，庶使礼义臻。

与苏舜钦有相似经历的欧阳修，虽未到沧浪亭，感叹"沧浪有景不可到"，但写下了《沧浪亭诗》：

子美寄我沧浪吟，邀我共作沧浪篇。沧浪有景不可到，使我东望心悠然。荒湾野水气象古，高林翠阜相回环。新篁抽笋添夏影，老枿乱发争春妍。水禽闲暇事高格，山鸟日夕相啾喧。不知此地几兴废，仰视乔木皆苍烟。堪嗟人迹到不远，虽有来路曾无缘。穷奇极怪谁似子，搜索幽隐探神仙。初寻一迳入蒙密，豁目异境无穷边。风高月白最宜夜，一片莹净铺琼田。清光不辨水与月，但见空碧涵漪涟。清风明月本无价，可惜只卖四万钱。又疑此境天乞与，壮士憔悴天应怜。鸱夷古亦有独往，江湖波涛渺翻天。崎岖世路欲脱去，反以身试蛟龙渊。岂如扁舟任飘兀，红蕖渌浪摇醉眠。丈夫身在岂长弃，新诗美酒聊穷年。虽然不许俗客到，莫惜佳句人间传。

可惜，这样的时光实在短暂。庆历八年（1048），苏舜钦虽然复官为湖州长史，但还未及赴任，就病逝于苏州。

苏舜钦之后的沧浪亭

苏舜钦离世之后，园林屡易其主。

北宋时期，先是章、龚两家共有，其中章氏家族对沧浪亭之景有所增建扩建，称为"章园"。南宋绍兴初年，园林归于韩世忠，被扩建为府邸"韩

沧浪亭附近的双塔寺大塔

园"。可见，无论北宋还是南宋，沧浪亭一直是私家园林。

南宋末年，沧浪亭毁于兵燹。

元明时期，沧浪亭成为寺观园林。历代兵家对佛教的敬畏，也在一定程度上保护了沧浪亭。

明洪武年间（1368—1398），苏州知府胡瓒宗将妙隐庵改筑为韩蕲王祠。嘉靖二十五年（1546），僧人释文瑛整治园林环境，并在水边复建沧浪亭。为此，归有光写下千古名篇《沧浪亭记》：

浮图文瑛居大云庵，环水，即苏子美沧浪亭之地也。亟求余作《沧浪亭记》，曰："昔子美之记，记亭之胜也。请子记吾所以为亭者。"

余曰：昔吴越有国时，广陵王镇吴中，治南园于子城之西南；其外戚孙承祐，亦治园于其偏。迨淮海纳土，此园不废。苏子美始建沧浪亭，最后禅者居之：此沧浪亭为大云庵也。有庵以来二百年，文瑛寻古遗事，复子美之构于荒残灭没之余：此大云庵为沧浪亭也。

夫古今之变，朝市改易。尝登姑苏之台，望五湖之渺茫，群山之苍翠，太伯、虞仲之所建，阖闾、夫差之所争，子胥、种、蠡之所经营，今皆无有矣。庵与亭何为者哉？虽然，钱镠因乱攘窃，保有吴越，国富兵强，垂及四世。诸子姻戚，乘时奢僭，宫馆苑囿，极一时之盛。而子美之亭，乃为释子所钦重如此。可以见士之欲垂名于千载，不与其澌然而俱尽者，则有在矣。文瑛读书喜诗，与吾徒游，呼之为沧浪僧云。

清代，沧浪亭成为官府园林。

清初学者潘耒《沧浪亭赋》记述如下："兹惟沧浪之亭，胜独超而无耦，在昔子美，为宋名贤，负匡时之材略，思补衮而济川，遭排挤于群枉。郁忠贞而不宣，厌洛下之喧杂，乐吴风之清妍，远移家而卜筑，聊逍遥以穷年。悦此奥区，有竹有水，草树丰茸，川原演迤。密迩宫墙，隔绝巷市。不山而净深，非谷而琬委。乃购隙地，乃营亭台。扁舟草屩，容与徘徊。鱼鸟相狎，麋鹿为侪。忘穷达而遗惠誉，信贤达之高怀。"

康熙二十三年（1684），江苏巡抚王新命建苏公祠；康熙三十五年（1696），园林规模大为缩减，仅存沧浪水南岸部分，江苏巡抚宋荦重修，把原在水边的沧浪亭重建于假山之巅，并于水边建造观鱼处、自胜轩等，奠定现今沧浪亭布局；康熙五十八年（1719），江苏巡抚吴存礼重修，增建御碑亭，作《重修沧浪亭记》。雍正时期，分为两园，北岸为可园、正谊疏远等；乾隆时期，乾隆帝南巡曾四次驻跸沧浪亭，园中增筑渐多；

道光七年（1827），江苏布政使梁章钜重修园林；次年江苏巡抚陶澍增建五百名贤祠，祭祀吴中历代先贤，作《沧浪亭图咏跋》；咸丰十年（1860），园林毁于战乱；同治十二年（1873），江苏巡抚张树声重修，基本为今日所见格局。

民国之后，沧浪亭成为公共园林。民国初年，园被毁，荒芜塞径；民国十六年（1927），画家颜文樑复修，筹建苏州美术馆，迁苏州美术专科学校于此，著《重修沧浪亭记》。

1953 年，动工修建；1955 年，正式向公众开放。

当代建筑学家童寯《江南园林志》，对沧浪亭的历史沿革进行了记述："沧浪亭在城南。吴越孙承佑筑园其地。宋苏舜钦得之，建沧浪亭，后归韩世忠。元、明之际，变为僧院。嘉靖时，释文瑛复建沧浪亭。清康熙间重修，后毁于咸、同兵火。同治十二年再建。"

纵观沧浪亭千年历史，历经累积、断裂、接续，留存至今。苏舜钦时期内容简素，后多次荒废毁坏，又经历朝历代接续重建，人文色彩不断增加，至今基本保存着初建时的山水格局和造园特色，而这与苏舜钦高洁品格、性格耿介是分不开的。

苏舜钦在朝廷党争中，忠而被谤，无罪被黜，深受历代文人尊重。可以说，积淀着千年文化的沧浪之水，见证千年变迁，倒映天光山色与亭阁花木，永远流淌在苏州园林里的每一方绿水深潭。

沧浪亭的景

园门外的沧浪亭街上，路口立有沧浪胜迹石坊，是沧浪亭的引导性标志。站在此处，可以隔溪观赏园林近水一面垂柳拂水、桥栏曲折的景观。游人经胜迹坊，过曲桥进园，一步跨入宋朝。

沧浪亭最大的特点，就是巧借园外古河葑溪的园外之水。

门前葑溪，早年通苏州南园和盘门，苏舜钦常常乘坐一叶扁舟来往，两岸奇石林立，千姿百态，酷似五百罗汉。

不同于通常的苏州园林，沧浪亭并不是以一池碧水为园林中心，而是外水内山，这是沧浪亭的独特创造。

开门即是繁华市井，闭门即是山林野趣。陈从周《园林谈丛》中这样评论："园内园外，似隔非隔，山崖水济，欲断还联。"他又在《说园》中总结："仅一墙之隔，判若仙凡，隔之妙可见。故以隔造景，效果始出。"

园外，可以隔水看到园内复廊的临水一侧；到了园内，同样可以欣赏园外风光。

复廊的另一侧，环绕园中假山，依地势高低而在园中蜿蜒穿行。

沧浪亭复廊是中国园林艺术中长廊与漏窗艺术的最经典之作。复廊长约 50 米，以花墙为间隔，分为两条走道。花墙以漏窗和洞门点缀，共有 108 个精美漏窗，无一雷同，就像一个个取景框，使得景物变成一幅幅风景画。内外山水，隐隐迢迢，光影迷离，绚烂多彩。漏窗形制，多为植物花卉的变形，如最著名四扇漏窗，用海棠花代表春天，用荷花代表夏天，用石榴花代表秋天，用梅花代表冬天，构成了四季风景。

进园门，门内即有假山隔离视线，显得清幽宁静。园内主景山，称"真山林"，土石相间，以黄石为主。假山耸立在门内，起到障景作用。山石错落交叠，姿态各异，有倚树，有独立，有互依。假山之上，古木参天，山下有水池。假山之后，随处可见竹林，建筑错落分布，有清香馆、五百名贤祠、明道堂、瑶华境界、看山楼、仰止亭、御碑亭、沧浪亭、翠玲珑等园林建筑。建筑之间，石子曲径也是一种独特景观，在庭园中蜿蜒伸展，移步换景，园景仿佛是一幅徐徐展开的长卷，给人新奇的美的享受。

园内现有五座称为亭的建筑，分别为：沧浪亭、闲吟亭、仰止亭、步碕亭和御碑亭。

最著名的沧浪亭，外观古雅，翼然欲飞，是园内最主要的建筑，园林也因之得名。原在北面邻水一侧，清康熙三十五年（1696），江苏巡抚宋荦重修，重建于假山之巅。北宋时期，远眺观景，附近没有民居，眼前即是如画的江山。亭的平面为方形，单檐歇山卷棚顶，檐下有斗拱，四周有石栏，内设石制圆桌圆凳。亭的四周，林木葱郁，曲径盘回。亭柱刻有对联："清风明月本无价，近水远山皆有情"，此联出自苏舜钦《过苏州》诗中的"绿杨白鹭俱自得，近水远山皆有情"和欧阳修《沧浪亭》诗中的"清

沧浪亭附近的玄妙观大殿

风明月本无价，可惜只卖四万钱"。清道光七年（1827），江苏巡抚梁章钜重修沧浪亭，集成了这副千古名联，上下联相得益彰。

仰止亭为半亭，依廊而建，亭名取自《诗经》"高山仰止，景行行止"。攒尖顶，有对联"未知明年在何处，不可一日无此君"。内壁刻有《沧浪五老图咏并序》《七友图并记》等石刻。

御碑亭为半亭，位于真山林西麓，建于清康熙五十八年（1719）康熙南巡时，亭中留其手书一诗石刻："曾记临吴十二年，文风人杰并堪传。予怀常念穷黎困，勉尔勤箴官吏贤。"御碑亭下的石坞之间，有一个深潭，水边有摩崖石刻"流玉"二字。

园中主厅"明道堂"，是园内最大的建筑，位于园内假山东南部，面阔三间，单檐歇山卷棚顶，高大宽敞，四周有围廊。堂前树木参差错落，叠石玲珑。原为道光年间所建的古戏台，后荒废；同治年间，巡抚张树声复建为会文讲学之所。原名寒光堂，后因苏舜钦《沧浪亭记》中"形骸既适则神不烦，观听无邪则道以明"而改名。值得一提的是，明道堂屋顶的颜色，会因天气的变化而发生变化。

位于园内沿河复廊西端的面水轩，与东侧的观鱼处遥相呼应。面水轩为敞轩，四面有落地长窗，内设圆桌、长几、圆凳、椅子，古色古香，风格清幽。

书斋名为"翠玲珑"，又名"竹亭"，造型独特的，三间书房曲折相连。曲曲弯弯，最后可见一片片石竹。室内陈花，案上插瓶，花木探窗，修竹如林，是读书作文的绝佳之地。

植竹造景，也是沧浪亭的一大特色，其植竹面积、竹子种类，都位居苏州园林之首。园内竹子随处可见，面积约占全园面积的一半，共有22个品种，包括箬竹、苦竹、慈孝竹、毛环竹、湘妃竹、水竹、青秆竹、哺鸡竹、黄金嵌碧玉竹等，象征君子之德、静悟虚心和廉政节操。

五百名贤祠，建于清道光年间。梁章钜《五百名贤祠序》称，苏州乡贤顾沅"纂集吴中先贤，旁及名宦、游寓。公自吴公子札以降，得五百余人，属孔生继尧各为之图，并系以传"。咸丰间毁于兵火，同治年间重建。内墙刻有与苏州相关的明宦乡贤，现存594幅石像，每人各系一赞。

清香馆，又名"木犀亭"，紧邻五百名贤祠，在其北侧，是一个独立的院落。前有漏窗粉墙，院内有几棵百年桂花树，花开时节，香气四溢。馆内陈列一套清末家具，以福建榕树根精制，造型有飞禽走兽、龙凤呈祥。清香馆，体现了中国造园艺术所讲究的"咫尺山林"：一道粉墙作为屏障，适当阻隔游人视线；一座小院，突破了空间局限，在有限的范围内创造丰富的园景。

园子最南侧，是"看山楼"与"瑶华境界"。看山楼位于山石之上，建于清同治年间。三层小楼，底层为石屋"印心石屋"，取"衣以表信，法乃印心"句意。"瑶华境界"，明代为梅亭，现为轩，植白玉兰和柏树，南有翠竹掩映。

乾隆年间，居住在沧浪亭隔壁的苏州文人沈复，在自传体回忆录《浮生六记》中，记录了与新婚妻子芸娘在中秋之夜游沧浪亭：

中秋日，余病初愈，以芸半年新妇，未尝一至间壁之沧浪亭，先令老仆约守者勿放闲人。于将晚时，偕芸及余幼妹，一妪一婢扶焉。老仆前导，过石桥，进门，折东，曲径而入。叠石成山，林木葱翠。亭在土山之巅。循级至亭心，周望极目可数里，炊烟四起，晚霞灿然。隔岸名"近山林"；为大宪行台宴集之地，时正谊书院犹未启也。携一毯设亭中，席地环坐，守着烹茶以进。少焉，一轮明月已上林梢，渐觉风生袖底，月到波心，俗虑尘怀，爽然顿释。芸曰："今日之游乐矣！若驾一叶扁舟，往来亭下，不更快哉！"时已上灯，忆及七月十五夜之惊，相扶下亭而归。吴俗，妇女是晚不拘大家小户皆出，结队而游，名曰"走月亮"。沧浪亭幽雅清旷，反无一人至者。

《浮生六记》记述了一个普通文人的坎坷经历和丰富的家庭生活。芸娘，林语堂认为是"中国文学史中最可爱的女人"。

造园，"三分匠人，七分主人"。园林，寄托了不同时期不同人物的审美观、人生观、宇宙观。纵观沧浪亭的园景变迁，园林建筑越来越密集，展现了多元文化，体现出中国民俗中吉祥文化的特征。

中国园林，苏舜钦时期，是茂林修竹的野趣之美；章氏时期，是楼阁耸立的壮丽之美；韩蕲王时期，是雕梁画栋的宏伟之美；元明时期，是古寺钟声的冷寂之美；清初，是山石树木的婉约之美；清末，是亭台楼阁的精致之美。最终，沧浪亭以苍古之美留存至今。陈从周《说园》有言："余谓以静观者为主之网师园，动观为主之拙政园，苍古之沧浪亭，华瞻之留园，合称苏州四大名园，则予游者以易领会园林特征也。"

杭州放鹤亭

人与鹤的纪念亭

151

西湖孤山放鹤亭

放鹤亭与林和靖墓，位于杭州西湖旁的孤山上。放鹤亭，是后人纪念宋代隐士林逋（卒谥和靖）的纪念性建筑。

与百年前的老照片相比，放鹤亭经过修整，依然保持原貌。康熙御书《舞鹤赋》石刻，保存较完好。但林和靖墓冢上部围砖已被拆除，墓碑为新造。

孤山的梅

梅原产于中国南方，是中国特有的传统花木，小乔木，稀灌木，分果梅和花梅两大类，已有 3 000 多年的栽培历史。《尚书·说命下》中已有"若作和羹，尔唯盐梅"的记载，《礼记》中也有"桃诸梅诸卵盐"的记载，《诗经》中更是多次出现。

汉初，开始兴起观赏梅花的风气，上林苑已有种植。《西京杂记》："汉初修上林苑，远方各献名果异树，有朱梅，胭脂梅。"到西汉末年，梅已进入城市园林，扬雄《蜀都赋》中有"被以樱、梅，树以木兰"的记载。

隋唐五代时期，品种逐渐增多，到宋代兴盛，出现《洛阳花木记》《梅品》《梅谱》《榜花喜神谱》等专著。

古人把松、竹、梅并称为"岁寒三友"，把梅、兰、竹、菊并列为"四君子"。梅，被赋予人性化的形象：高洁、坚强、谦逊、奋发，广受喜爱。

"疏影横斜水清浅，暗香浮动月黄昏。"这是北宋隐逸诗人林和靖种植的孤山梅花，他为宋初的西湖，为孤山的梅花，塑造了动人的艺术形象。

林和靖曾在杭州孤山手植 300 多株梅花，并赋诗《山园小梅》：

> 众芳摇落独暄妍，占尽风情向小园。疏影横斜水清浅，暗香浮动月黄昏。霜禽欲下先偷眼，粉蝶如知合断魂。幸有微吟可相狎，不须檀板共金樽。

此后，南宋大词人姜夔见到孤山梅花，提笔写下《莺声绕红楼·十亩梅花作雪飞》："十亩梅花作雪飞。冷香下、携手多时。两年不到断桥西。

长笛为予吹。人妒垂杨绿，春风为、染作仙衣。人妒垂杨绿，春风为、染作仙衣。垂杨却又妒腰肢。近前舞丝丝。"

"十亩梅花作雪飞。冷香下、携手多时。"这是南宋文人姜夔笔下的梅花。那一年，他和好友相聚孤山，赏花饮酒，度曲填词。

日本江户时代著名学者尾藤二洲，出于对林和靖的极度敬佩，写下"此花花中选，人能侔汝谁，一从孤山逝，风情独自知"。

如今，孤山梅花约有 300 株，主要见于后山沿湖地带，品种主要有江梅、绿萼、细枝朱砂等。

林和靖的鹤

北宋著名隐士林逋（967—1028），字君复，号和靖，一生不娶不仕，耽于诗画，种梅养鹤，自称"以梅为妻，以鹤为子"，世人称其"梅妻鹤子"。其不慕名利、恬淡高洁的品德、隐居山林的生活方式，得到后人的尊崇。其孤山放鹤，极大地影响了后世江南传统园林中的观鹤景观。

中国是鹤类最多的国家，《诗经·鹤鸣》就有"鹤鸣于九皋，声闻于野"。用鹤的栖境和善鸣比喻隐居的贤人。可见，鹤自古就被赋予了高洁的人格化形象。

养鹤训鹤，最早见于《左传》："狄人伐卫，卫茹公好鹤。鹤有秉轩者。"殷周秦汉，王族宫苑以及私家园林中常常出现鹤的身影。

魏晋南北朝时期，"鹤"成为隐逸的象征，加上道教和魏晋玄学兴盛，"仙"与"鹤"联系在了一起，鹤常常出现在道教的寺观园林中，象征自然无为，返璞归真。

唐代，鹤广泛进入诗文和绘画中，追求自由恬淡的文人普遍喜欢养鹤，如白居易、王维等都曾经养鹤。

林和靖隐居杭州孤山，二十载不入城市，不仕不娶，建阁筑亭，造园修池，种梅养鹤。

《御览孤山志》："元时郡人陈子安，以处士当日不娶以梅为妻，无嗣以鹤为子，既有梅，不可无鹤，乃持一鹤为孤山荣并构亭于此。"

林和靖墓

沈括在《梦溪笔谈》中说道"林逋隐居杭州孤山，常畜两鹤，纵之则飞入云霄，盘旋久之，复入笼中。逋常泛小艇，游西湖诸寺。有客至逋所居，则一童子出应门，延客坐，为开笼纵鹤。良久，逋必棹小船而归。"

其实，林和靖是最懂感情的，他的《相思令·吴山青》，是千古绝唱：

> 吴山青，越山青。两岸青山相送迎，谁知离别情？
> 君泪盈，妾泪盈。罗带同心结未成，江头潮已平。

林和靖的双鹤，通灵性，识琴善舞。林和靖临终前，留下了"茂陵他日求遗稿，犹喜曾无封禅书"的诗句。林和靖去世后，双鹤在墓上盘旋，不忍离去，死于墓前。人们在林和靖墓边造鹤冢安葬。

林和靖"梅妻鹤子"，促进了宋朝的鹤文化。苏轼写有《放鹤亭记》，宋徽宗作《瑞鹤图》。

元至元元年（1335）至六年（1340），儒学提举余谦重修林处士之墓，并建梅亭，后又有郡人陈子安修建鹤亭。清康熙三十八年（1699），命刑部员外郎宋骏业重建放鹤亭，并御《舞鹤赋》，刊石立于亭中。

《西湖游览志·卷二》记载：

在孤山之北，嘉靖中，钱塘令王釴作。其巅有岁寒岩，其下有处士桥。先是，至元间儒学提举余谦既茸处士之墓，复植梅花数百本于山，构梅亭于其下。郡人陈子安以处士无家，梅妻而鹤子，不可偏举，乃持一鹤，放之孤山，构鹤亭以配之。并废。国朝康熙十二年巡抚范承谟重茸，布政使李之粹榜曰"林君复放鹤处"。

《西湖志》卷九："三十五年圣祖仁皇帝御书《舞鹤赋》勒石孤山，恭建御碑亭于其上。"

洒脱的林和靖

据《宋史》卷四五七记载："林逋，字君复，杭州钱塘人。少孤，力学，不为章句。性恬淡好古，弗趋荣利，家贫衣食不足，晏如也。初放游江淮间，久之归杭州，结庐西湖之孤山，二十年足不及城市。真宗闻其名，赐粟帛，诏长吏岁时劳问。薛映、李及在杭州，每造其庐，清谈终日而去。尝自为墓于其庐侧。临终为诗，有'茂陵他日求遗稿，犹喜曾无封禅书'之句。既卒，州为上闻，仁宗嗟悼，赐谥和靖先生，赙粟帛。"

林和靖出身名门，据《西湖拾遗》记载，其祖父林克己曾出仕五代时吴越王钱镠，"为通儒学士"。

林和靖幼时刻苦好学，通晓经史百家，精通诗词、书法、绘画。

林和靖作诗从不留存，称："我方晦迹林壑，且不欲以诗名一时，况后世乎？"幸好身边的有心人慕其才华，偷偷记下，后人辑为4卷《林和靖先生诗集》，因此如今有300余首诗和3首词传世。诗词大多直抒胸臆，或描写西湖景色，风格清冷淡远。

书法方面，林和靖工于行草，书风瘦挺劲健，笔意清劲，得到推崇。陆游叹为法高绝胜人。苏东坡赞曰："诗如东野不言寒，书似留台差少肉。"明代沈周也大加赞赏："我爱翁书得瘦硬，云腴濯尽西湖绿。西台少肉是真评，数行清莹含冰玉。宛然风节溢其间，此字此翁俱绝俗。"林和靖存世书法作品，仅有3幅。

林和靖在绘画方面也很有成就，可惜没有一幅存世。

林和靖的洒脱，还体现在对待生死的态度。他60岁左右的时候，在居所一侧自建一墓，并称："湖上青山对结庐，坟前修竹亦萧疏。茂陵他日求遗稿，犹喜曾无封禅书。"

放鹤亭

放鹤亭，是矩形重檐十六柱方亭，位于孤山东北角，面临里湖，遥对镜湖厅。历史上，曾多次加固维修，并补齐重刻亭前平台石栏。

鹭、鹤、鹿为古代象征祥瑞的动物。浙江还有白鹭亭、宿鹭亭、驻鹤亭、招鹤亭、来鹤亭、啸鹤亭、鹤迹亭、鹿亭、白鹿饮泉亭等。

后人出于景仰，纷纷为放鹤亭留下对联，成为独特的文化景观：

> 云出无心谁放林间双鹤，月明有意即思冢上孤亭。
>
> 世无遗草真能隐，山有名花不传孤。
>
> 梅花已老亭空鹤，处士长留山不孤。
>
> 华表千年遗蜕可闻玄鹤语，孤山一角暗香先返玉梅魂。
>
> 我忆家风负梅鹤，天教处士领湖山。
>
> 梅横孤影自绝俗，山附高人亦可传。
>
> 香掬冷泉，曲院孤山藏处士；春逢巢鹤，平湖秋月照先生。
>
> 祠傍水仙王，北宋尚留高士迹；树成香雪海，西湖重见时春。
>
> 公生几何年长留半角，闲亭权与寒梅成眷属；我来数千里凭吊孤山，抔土好从明月认前生。

宋初诗文僧智圆

智圆（976—1022），字无外，自号中庸子，或称潜夫，钱塘（今浙江杭州）人，俗姓徐，宋代天台宗山外派名僧。自幼学习儒学和佛学，于钱塘龙兴寺受具足戒，后于奉先寺从源清法师学习天台教观。智圆著述甚多，世称

玛瑙寺址

"孤山智圆""孤山法师"。

北宋大中祥符九年（1016）起，智圆隐居西湖孤山玛瑙寺养病，潜心读经讲经，宣讲天台思想。与林和靖相邻而居，两人交往密切。

智圆欣赏儒家的中庸思想，推尊唐代古文运动领袖韩愈，推动儒学振兴与文坛改革；在诗歌方面，反对当时文坛浮靡的骈丽文风，推崇白居易的诗歌，浅显中饱含讽谕精神。智圆的诗，意象静穆幽寂，平淡幽远。如《江亭晚望》描写了西湖的景色："江亭闲写望，秋景正无穷。鸟没寒云外，帆归暮色中。淡烟生极浦，败叶坠凉风。回道闻渔唱，人家隔苇丛。"又如《幽居》："尘迹不能到，衡门藓色侵。古杉秋韵冷，幽径月华深。窗静猿窥砚，轩闲鹤听琴。东邻有真隐，荷策夜相寻。"

孤山玛瑙寺，初建于吴越开运三年（946），为吴越王钱弘佐所建。

南宋绍兴二十二年（1152），玛瑙寺迁至西湖北岸葛岭东边的宝云山下，即今葛岭路北侧。元末烧毁，明永乐年间（1403—1424）重建。明末文人张岱的《西湖梦寻》中曾有记载，并作有《玛瑙寺长鸣钟》一诗。清同治年间（1862—1874）重建。2004年重修，山门、厢房保持清代样式，但大殿仅存20余个石柱础。

北京天坛

现存最大的坛庙建筑

天坛圜丘全景

天坛，位于今北京市东城区永定门内大街东侧，始建于明永乐十八年（1420），清代乾隆、光绪年间曾重修改建。现为全国重点文物保护单位，国家 AAAAA 级旅游景区，全国文明风景旅游区示范点。

1998 年，列入《世界遗产名录》，世界遗产委员会评价为："天坛，建于 15 世纪上半叶，坐落在皇家园林当中，四周古松环抱，是保存完好的坛庙建筑群。无论在整体布局还是单一建筑上，都反映出天地之间（即人神之间）的关系，而这一关系在中国古代宇宙观中占据着核心位置。同时，这些建筑还体现出帝王在这一关系中所起的独特作用。"

坛

坛，是土和石筑的高台，古代用于举行祭祀、誓师等大典。

中国古代帝王自称"天子"，历来崇敬天地。据史料记载，公元前两千年的夏朝，就有正式祭祀天地的活动。

祭祀制度，历代不同。因此，历代各种坛的建筑制度也有所不同。天与地、日与月、社与稷，有分祀，也有合祭。从演变上看，早期祭坛主要祭天地，后汉开始在宗庙右侧建社稷坛。之后，逐渐建立朝日坛、夕月坛、先农坛、先蚕坛等。

到清代，北京城内外的坛分布于不同方位，计有：天坛（圜丘坛，其中祈年殿为祈谷坛）、地坛（方泽坛）、日坛（朝日坛）、月坛（夕月坛）、社稷坛、先农坛、天神坛、地祇坛、太岁坛、先蚕坛等。其中天坛、地坛、日坛位于东郊、月坛分别位于西郊。

天坛建筑演变

天坛在永定门内东侧，在北京城的南北中轴线上，分为南北两个部分：南面为圜丘坛、皇穹宇等，北面为祈年门、祈年殿、皇乾殿等，南北两个部分之间有墙相隔。

天坛始建于明永乐十八年（1420），当时日月同祭，如今的祈年殿是明朝天地合祭的大祀殿；嘉靖九年（1530），设立四郊分祀制度，于是在天坛建圜丘坛专用来祭天；嘉靖十三年（1534）改称为"天坛"。嘉靖十九年（1540），将原大祀殿改为大享殿。

天坛皇穹宇前门

天坛皇穹宇

清代，基本沿用明代祭祀制度。乾隆十二年（1747），天坛内外墙垣重建，原有的土墙，改为城砖包砌；内坛墙，则建成悬檐走廊。如此，经过改建的厚重的内外坛墙，坛墙南方北圆，象征天圆地方，显得更加庄重壮丽。

圜丘、祈谷两坛，总称为"天坛"，明清两代是帝王祭祀皇天、祈祷五谷丰登之所。

与百年前的老照片相比，坛建筑群经过多次修葺，保持清代原有格局，保存良好，现为天坛公园。圜丘、皇穹宇前门、皇穹宇、祈年殿、祈年殿前陛等，均无明显变化。

祈年殿

祈年殿是天坛的标志性建筑。其前身是明代永乐十八年（1420）建造的天地合祭的大祀殿。嘉靖十九年（1540），在大祀殿原址建成行祈谷礼的大享殿，即如今的祈年殿。

祈年殿矗立在 6 米高的白石台基上，三重檐圆形大殿，高 38 米，直径 30 米，全部采用木结构，由 28 根楠木巨柱支撑，具有高度的建筑艺术价值。

明代的祈年殿有上中下三重檐，三重檐分别覆以三种不同颜色的琉璃瓦：上檐覆以青色琉璃瓦，象征青天；中檐覆以黄色琉璃瓦，象征土地；下檐覆以绿色琉璃瓦，象征万物。

清乾隆十六年（1751），因祈年殿专以祭天，"祀天""祈谷"，三重檐均改为蓝色琉璃瓦。

祈年殿内部，由 28 根环转排列的金丝楠木大柱来作支撑。内圈 4 根大柱最为粗大，高 19.2 米，直径 1.2 米，支撑着上层屋檐，象征春夏秋冬四季，称为"龙井柱"；中圈 12 根称为"金柱"，绘有精致的图案，支撑着第二层屋檐，象征一年的 12 个月；外圈 12 根称为"檐柱"支撑第三层屋檐，象征一天的 12 个时辰。三层柱子合在一起，共 24 根，同时象征二十四节气。

日本学者常盘大定百年前的考察报告

日本学者常盘大定在考察后，记载如下：

> 天坛在正阳门外，天桥南迤东。初遵洪武合祀天地之制，称为天地坛。内外垣俱前方后圆，老槐古柏，浓荫蔽天，建筑雄伟，风景幽绝。二门皆西向。凡斋宫、无梁殿铜人、石亭、圜丘坛、皇穹宇、祈年殿、皇乾殿、长廊、燔柴炉、甘泉井、七星石、神乐署、牺牲所等均在内垣中。

他对皇穹宇的记载为：

> 南向环转，八柱圆檐上，上安金顶。基高九尺，径五丈九尺九寸。石阑四十有九，东西南三出陛，各十有四级。东西庑各五

天坛祈年殿

天坛祈年殿前陛

　　间，一出陛。殿庑覆瓦，均青色琉璃。围垣形圆，周五十六丈六
尺八寸，高丈有八寸。南设三门，崇基石阑，前后三出陛，各五
级。外墙东门外，东北隅神库、神厨各三间。又东为宰牲亭、井
亭各一。墙外内垣门四，东曰泰文，南曰昭亨，西曰广利，北曰
成贞。皆朱扉金钉，纵横各九。昭亨门外东西石坊各一。

　　他对祈年殿的记载为：

　　　　在成贞门北。坛圆，三成，南向。上层径二十一丈五尺。
二层径二十三丈二尺六寸。三层径二十五丈。面瓷金砖。围以四百二十石阑。南北三出陛，东西一出陛。上层、二层各九级，三层十级。坛上建殿，制圆，内外柱各十二，中为龙井柱四根，三重檐，上安金顶。左右庑各九间，均覆青琉璃瓦。前为祈年门。崇基石栏，前后三出陛,各十有一级。门外东南燔柴炉一,瘗坎一,燎炉五。内墙周百九十丈七尺二寸，有门四，北门后即皇乾殿。

天坛回音壁

天坛有一个著名的回音壁，实际就是皇穹宇的围墙。

现场标牌上有文字说明："回音壁是皇穹宇的圆形围墙。因墙体坚硬光滑，是声波的良好反射体，又因圆周曲率精确，声波可沿墙面连续反射传播。如两人分立于东，西配殿后回音壁下，面对墙轻声对话，双方均能清晰听到，一呼一应，一问一答，妙趣横生。"

究其原因，皇穹宇的圆形围墙，高 3.72 米，厚 0.9 米，直径 61.5 米，

地坛

周长 193.2 米，磨砖对缝砌成，弧度规则，墙面光滑，因此可以十分规则地折射声波。墙头覆着蓝色琉璃瓦，使得声波聚集墙面，同时也造就了回音效果。

如此奇趣，实际并不是"天人感应"，而是体现了古代工匠对建筑工艺与声学原理的熟练运用。

汉阳晴川阁

三楚胜景

169

　　晴川阁坐落在武汉市汉阳龟山东麓的禹功矶上，北临汉水，东濒长江，与武昌蛇山黄鹤楼夹江相望。江南江北，楼阁对峙，蔚为壮观，有"三楚胜景"之称。晴川阁与黄鹤楼、古琴台并称为武汉三大名胜。

　　晴川阁建筑群占地约 1 万平方米，由晴川阁、禹稷行宫、铁门关（后毁于火，在这土基上，人们曾修建关帝庙）三大主体建筑组成，包括禹碑亭、朝宗亭、楚波亭、荆楚雄风碑、牌楼、临江驳岸、曲径回廊等建筑。

　　2002 年，晴川阁景区成为国家 AAA 级旅游风景区。

　　2013 年，晴川阁被列入第七批全国重点文物保护单位名单。

晴川阁西北方向的关帝庙

晴川阁禹稷行宫的历史

禹稷行宫，前身为禹王庙，是武汉祭祀大禹的场所，历来香火旺盛。禹王庙始建于南宋。具体建造年代，有资料显示是南宋绍熙年间（1190—1194），如明代景泰《寰宇通志》："原禹王庙在大别山麓，宋绍熙间，司农少卿张体仁以此地江汉朝宗之会，乃建庙以祀大禹，而以益稷配焉。"也有资料显示是南宋绍兴年间（1131—1162），如清代胡凤丹《大别山志》："南宋绍兴，司农少卿张体仁督修大别山禹王庙。"

元代重建，大德八年（1304）落成。明成化年间（1465—1487）重修。明嘉靖年间（1522—1566），汉阳知府范之箴在修葺禹王庙后，在庙的东侧建了晴川阁，从此形成禹稷行宫与晴川阁并存的格局。

明天启五年（1625），禹王庙被改为"禹稷行宫"，在原祭祀大禹的基础上又加祀后稷、八元、八恺等 18 位传说中的先贤。

明末，禹稷行宫毁于兵燹。清顺治九年（1652）、雍正五年（1727）两次维修，但于乾隆年间毁于兵燹。同治二年（1863），再次重建。

1983 年大修，以崭新面貌迎接游人。

修缮一新的禹稷行宫，是武汉地区最具有代表性的清代木构院落式建筑，由大殿、前殿、左右廊庑、天井等构成。整个建筑群占地 10 009 平方米，其中行宫占地面积为 380 平方米。根据"保持现状，恢复原状"的总体原则，内外装饰中的雕梁画栋、涂漆绘彩无不充分表现出独特的地方风格。此外，还特意将收集到的部分清代建筑构件，如像头月梁、雕花撑拱、云纹槛框等，安装在行宫建筑原部位，增加了古色古香的韵味。

宫中大殿的中央立大禹塑像，上悬费新我先生左手书"德配天地"巨匾，背衬《禹迹图》。此外，殿内还陈列纪念大禹的图片资料。

大殿轩廊两端分别置放从民间收集到的文物"镇水铁牛"和"祭祀铁钟"。天井中央置一铁鼎。大殿廊檐悬挂沙孟海先生所书"万世豪泽"，廊柱悬挂刘海粟先生所书楹联"三过家门，虚度辛壬癸卯；八年于外，平成河汉江淮。"

晴川阁

晴川阁的历史

主体建筑晴川阁，明嘉靖二十六年（1547）汉阳知府范之箴为纪念大禹治水功绩所建，阁名取自唐代诗人崔颢"晴川历历汉阳树"诗意。

此后数百年间，晴川阁屡经兴废，文献记载的重建、增建、复修达 7 次之多：第一次重修为明隆庆六年（1572）至万历元年（1573），汉阳知

　　府程金主持，修复后"飞甍绮疏，层轩曲楯，宏敞骞峙"，被誉为"三楚巨丽之观"；明万历四十年（1612），汉阳知府马御丙将晴川阁作为汉阳军事关锁，进行维修加固。

　　清代，顺治九年（1652）、雍正五年（1727）、乾隆五十二年（1787）、嘉庆十四年（1809）、同治二年（1863）等又多次重建或大修，并在侧旁加建多座亭台楼阁，逐渐形成今天的建筑群格局。

晴川阁附近的归元寺全景

1935 年 10 月 11 日，晴川阁因风灾倒塌。

1983—1986 年，按清光绪年间式样重建，同时维修了禹稷行宫，重建了楚波亭、朝宗亭、禹碑亭、一山门、二山门等附属景观。1990 年，重建三国时期吴国所建的铁门关。

如今，晴川阁与禹稷行宫、铁门关相连，形成一组古建筑群，山门、古碑、牌坊、亭、台、楼、榭等建筑依山而立，错落有致。

复建后的晴川阁，以南方建筑风格为主，兼容南北建筑风格之长，园林秀美，楼阁雄奇、行宫古朴。

晴川阁的现状

晴川阁现为钢筋混凝土仿木结构，麻石台基，红墙朱柱，重檐歇山顶黑筒瓦屋面。

楼高 17.5 米，占地 386 平方米。两层，底层面阔 5 间，进深 4 间，顶层面阔 3 间，进深 2 间，沿檐设回廊。

为适应荆楚大地、长江之滨气候潮湿多雨的特点，屋顶造型为"举折制"，一方面屋顶正脊到垂脊下端的屋面坡度非常陡，便于雨水下泄；另一方面从垂脊下端至檐口的屋面，其坡度设计成相对平缓，檐口部略为上扬。如此，出檐深远，屋面布局显得气势恢宏，也照顾到室内采光与檐口高度，减轻连绵雨水对屋顶和台基周围地面的损坏。独特的屋顶造型，增强了晴川阁的轻盈飘逸之感，凸显了地方特色。

斗拱采用平身科，单昂单翘五踩。角科与柱头斗拱，用撑拱代替，门楼上檐部使用的如意斗拱，完美展现清末南方的建筑风格。

一楼的四根麻石后檐柱，是清代原物，展现了当年高超的石木榫卯技艺。

阁内的彩绘雕饰，采用民间传统工艺的吉祥图案，民俗风情浓烈，色彩华丽高雅。

阁楼顶层正面牌楼上的巨匾，金碧辉煌"晴川阁"三字，为中国佛学大师赵朴初先生所书。

整体看，清丽秀巧，舒展飘逸，极具楚风古韵。

登临远眺，云影波光，一碧万顷，风貌雄奇。

铁门关

铁门关是晴川阁景区的主体建筑，与晴川阁、禹稷行宫共同构成晴川阁景区。

铁门关，始建于三国时代。据明《一统志》记载"铁门关，左倚大别山，右控禹功矶，吴魏相争，设关于此。"《汉阳县志》记载："铁门关在汉阳县东北三里，禹王庙侧大别山头。三国吴设关于此。"

从三国时期到唐初的数百年间，铁门关作为重要的军事要塞，历经多次攻守激战。唐武德四年（621），汉阳城开始建砖城，铁门关的军事作用日渐削弱，进而成为文化、经贸交流的一条重要通道。明清时期，铁门关商贾愈加繁荣。尤其是明嘉靖年间，临近晴川阁的地区又陆续兴建了玉清宫、长生殿、黄公书院等，这一带逐渐成为繁华的游览与商业中心。明代杨枢曾撰联："汉门日抱鼋鼍窟，大别天山虎豹关。"明末铁门关被毁；清初在残存的土基上建关帝庙；民国初年，铁门关遗迹以及庙宇等，同毁于战乱成为废墟。

1990 年 12 月，铁门关开始复建，并于 1993 年年初建成。

如今的铁门关，占地800余平方米。关体高15米，关楼高11米，因此关高达26米。关横宽44米，进深18米；关内主拱高11米，跨度15米。

城楼为重檐歇山式，两层，高11米余，面阔25米，进深10米，占地约200平方米。

关门为三拱城门形制，墙面由红沙石砌成，内部结构为钢筋水泥，巍峨雄壮、英姿焕发。

城楼为红柱墨瓦，彩绘梁柱。城楼一层厅内，陈列有三国人物塑像。登楼眺望，四周景色尽收眼底。

文人笔下的晴川阁

数百年来，晴川阁是文人荟萃胜地，明清两代文人多有登临，诗文佳作如林，赞颂之词比比皆是。地方文献和诗文集收录的诗词，就达一百多首。

如明代袁宏道、袁中道、萧良有、李维桢等，清代施闰章、李渔、吴正治、熊伯龙、顾景星、屈大均、查慎行、熊赐履、宋湘等，都留过气势恢弘的诗文、楹联等作品，记录了晴川阁的壮美。

袁宏道曾称晴川阁与黄鹤楼、岳阳楼、仲宣楼为楚四名楼；

晚明文人萧良有："万顷波涛帘外度，千帆烟雨坐中收。"

清初文人刘献廷在《广阳杂记》记述："自铁门关西上为龟山，首有楼巍然 曰晴川，与黄鹤楼对峙……楼临江东向，轩豁开爽，远胜黄鹤。盖龟诣走江中数百步，而大江横过其下，左右无遮蔽，与市座稍远，纵目所之，山水之情与精神融洽，无如黄鹤之散漫无章，可谓后来居上矣。"

清初文人程封《登晴川阁》："凭阑高倚半江秋，楚国晴川第一楼"，成为千古绝唱。

清初文人褚唐俊《登晴川阁》："晴川阁下浪飞寒，江上风帆欲住难。暮鸟带云还浦际，淡烟和月起林端。文通赋就花生笔，摩诘图成树染丹。忽听箫声惊客耳，玉人何处倚阑干。"

清乾隆时期文人陈大文《重建晴川阁记》："汉阳大别山巅，有阁曰晴川，雄踞上游，与江城之黄鹤楼对峙，为三楚胜境，千古矩观。"

天心阁

长沙古城的仅存标志

天心阁

长沙自古有"潇湘古阁，秦汉名城"的美誉，天心阁古城墙是长沙仅存的古城标志，长沙重要名胜，故有"不登天心阁，不知古长沙"之说。

天心阁位于今湖南省长沙市中心东南角天心公园内，是长沙古城的一座城楼，也是长沙的古城标志。古阁与古城墙连为一体。周边的城墙，是长沙仅存的一段古城墙遗址。

楼阁建于明代，清代多次重修，1938年毁于"文夕大火"，1983年再修。

城墙与阁分别于1983、2002年列入湖南省文物保护单位名单；2005年，天心阁成为国家AAAA级旅游景区；2006年，被授予"中国历史文化名楼"称号。

2013年，天心阁古城墙列入全国重点文物保护单位名单。

天心阁的兴衰

天心阁下的古城墙，是长沙城墙的一部分，修建于明代的洪武期间（1368—1398）。长沙守御指挥邱光营建，把元代所筑土城墙全部改用石基砖砌，使之具备一定的军事防御功能。

古城墙上的天心阁始建于何时，一直没有确切说法。一般认为是明万历年间（1573—1620），初为观星相的灵台；另一个说法是明代后期，依据是清朝初期的《善化县志》中善化县（今属湖南长沙）治安主官俞仪（1598—1643）的诗作《天心阁眺望》："楼高浑似踏虚空，四面云山屏障同。指点潭州好风景，万家烟雨画图中。"

天心阁初为一座角楼（又称谯楼、望楼），可用于军事防御、消防瞭望、上观星相祭天神、下镇风水。可以说，当年集瞭望塔、祭天台、风水楼于一身。此外，天心阁曾名"文昌阁"，因此处地脉隆起，古人认为有文运昌隆的祥兆。清朝熊祖龄诗作《高阁插云》："岩绕百尺挂城头，万里潇湘一望收。月下飞鸿频渡影，和云叫断洞庭秋。"清代诗人李绍隽有"城南耸高阁，直与丹霄薄。插顶上天心，扪着星斗落"的诗句。

清顺治十一年（1654），洪承畴经略湖南，驻长沙，拆运明藩王府砖石修筑城墙，使长沙再次"城池崇屹，甲于他郡"。

"天心阁"一名，始自清乾隆年间。清乾隆十一年（1746），抚军杨锡被主持修建。此次修建后，阁楼的总面积达到864平方米，天心阁在当时是整个长沙城的最高之处。四十二年（1777）再次重修，曾任《四库全书》总阅官的湖南学政李汪度为之作记，天心阁名声大振。

天心阁自嘉庆以后，由两层楼增至三层，成为当时长沙古城区最高的建筑。天心阁这一名胜中，包含"高阁插云""麓屏聳翠""疏树含烟""池塘夕照"四景，雄伟磅礴，恢宏豁达。清代大学者黄兆枚写下名联："四面云山都入眼，万家烟火总关心。"

清咸丰二年（1852），湖南巡抚骆秉章、冒鸿宾、恽世临、李瀚章、刘崑等先后重修。

清同治四年（1865），天心阁修葺更新，布局上调整为前后两进，前为三重檐的歇山木构楼阁，后进是两层的砖木建筑，天心阁两段设置封火山墙。学者郭崑焘为之撰记。

1923年，长沙市政公所下设的马路工程处成立，开始拆除长沙古城墙，修筑环城公路，仅留下天心阁及其城垣的一段，阁楼完好保留。

1924年，刘敦桢先生进行重新设计与重建，对天心阁两端的封火山墙加以取消，整体布局呈现出弧状。阁之左右，仿北京文澜阁形式增建两轩。天心阁与古城墙被辟为公园，成为长沙第一个公共园林。

1938年"文夕大火"，古城长沙一片焦土，天心阁及园内建筑群也荡然无存。

1983年，天心阁重建。

天心阁附近的曾国藩祠

天心阁附近的贾太傅（贾谊）故宅

2005 年 11 月 12 日，长沙市天心阁公园，"文夕大火"警世钟雕塑落成。警世钟高 2.7 米，重达 2.8 吨，离地面高 1.4 米，悬挂在断壁残垣造型的梁柱上。

夜幕下，天心阁古城墙更显古朴和厚重。

天心阁承载的历史记忆

　　望不断七二峰衡岳，流不尽八百里洞庭，明月当头，如许江山赢我醉；

　　是谁赋屈大夫离骚，向谁虚贾太傅前席，幽情无限，满城风雨自西来。

这是天心阁上的一副对联，结合了地理与人文，道出了长沙城的千年历史。

近年，有学者考证说，天心阁之名源于《尚书》中"咸有一德，克享

天心阁附近的黄兴纪念碑

天心"，并认为天心阁的古城墙最早修建于汉高祖五年（前202），为长沙王吴芮所筑。

吴芮（约前241—前201），吴王夫差的第五代孙，百越领袖。秦始皇统一全国后，吴芮担任番县（今江西鄱阳县）首任县令，后起兵反抗秦始皇的暴政，支持项羽，于汉高祖三年（前204）攻下长沙，开始建起长沙古城。汉高祖五年（前202），吴芮被封为长沙王。

三国时期，在长沙城墙之下，上演过关羽战长沙的故事。刘备派关羽攻打长沙，长沙守将黄忠在长沙太守韩玄手下守卫长沙。关羽大战黄忠，三次打斗难分胜负，两人互生企慕。韩玄怀疑黄忠与关羽有通，下令要将黄忠推出处斩。此时魏延赶到，救黄忠，斩韩玄，献出城池。刘备亲自登门相请，黄忠才投降蜀国。

清末，太平军直接攻到长沙的天心阁城墙之下，湖南巡抚骆秉章下令将五千斤重的大炮抬上天心阁的城头，太平军为攻下长沙在此进行了81天的战斗，太平军无数的云梯和大刀却无法抵挡住天心阁清军的炮火，西王萧朝贵中炮阵亡。最终，太平军无功而返。

辛亥革命前夕，同盟会会员在湖南的秘密机构，就设在天心阁内。

抗日战争时期，三次"长沙会战"，天心阁是主要阵地。

今日天心阁

重建后的天心阁，是仿木结构，矗立于32米高的锥垛之上，主阁通高14.6米，三重檐歇山顶，檐角翘起，琉璃瓦覆顶，保持了主阁的原貌，又依照岳阳楼在两边增加了两座重檐辅阁，像鹏鸟的主体和两翼。三阁以通廊相连接，错落有致，浑然一体。建筑面积846平方米，总占地面积为5125平方米。

石基为灰白色花岗石，敦厚稳实。主阁南额"天心阁"，北额"楚天一览"。挑梁结构，不施斗拱，内部用60根木柱支撑，廊柱结合，栗瓦粉墙，黄瓦飞檐，翼角高翘，32副阁角悬挂铁马铜铃，铃声悠悠清越。

阁下明代城墙，长220米，高13米，宽6米，底部是长条麻石，上部是大青砖。

胜日登临，顿有"天高地迥，心旷神怡"的感觉。

2018年春，赵朴初先生题联："天阙虽高人间正义居其上，心潮何处事业洪流必有踪。"并赋诗一首："临江一阁势何豪，四角飞龙凛九霄。气接洞庭新月色，声和衡岳古松涛。春山红雨鹃花漫，盛世英才梦笔骄。今日星城观胜状，流光处处动心潮。"

1983年阁上勒石《重建天心阁记》

天心阁居长沙城南最高处，不详其所始建。清乾隆四十二年、同治四年，李汪度、郭崑焘先后撰记，可略徵其兴废之迹。尔后一九二四年又一度重修，抗日战起，惜全毁文夕大火。中华人民共和国建国之三十三年，国务院列长沙为历史文化名城，长沙市人民政府乃于一九八三年鸠工重建，越年竣事。全阁采钢筋混凝土及其他新材料构成。主阁一仍旧制，凡三层，栗瓦石栏，檐牙高啄，左右增建游廊连二副阁，规模益闳。游者登临，瞰湘江北去，招岳色南来，长虹卧波，层峦叠嶂，江山放眼，乾坤入抱，振兴中华之志，宁不油然而生！当兹举国上下，齐奔四化之际，我市革故鼎新，百端待举，愿与全市人民奋力而共进之，是为记。长沙市人民政府

天心阁第一联的故事

明代水陆寺老僧与少年李东阳所对的对联，被称为"天心阁第一联"。

星城长沙，民间流传有一副传世久远的趣味对联："橘子洲，洲上舟，舟动洲不动；天心阁，阁中鸽，鸽飞阁不飞。"

殊不知，这副对联是明代"水陆洲，洲系舟，舟动洲不动；天心阁，阁栖鸽，鸽飞阁不飞"的通俗版本。

相传明景泰七年（1456）的一天，十岁的李东阳随叔叔到水陆寺去参加斋宴。水陆寺位于今天的橘子洲，当时称水陆洲。斋宴时，游人纷纷讨论寺中的精妙对联，一一品评。这时，寺内一位老僧见大家钟情于对联，便说出了一个上联："水陆洲，洲系舟，舟动洲不动。"

众人面面相觑，不一会儿，有两人试着对出了下联：

"天心阁，阁翘角，角弯阁不弯。"

"天心阁，鸽对阁，鸽鸣阁不鸣。"

少年李东阳开口说道："天心阁，阁栖鸽，鸽飞阁不飞！"

众人纷纷称赞。

李东阳，成年后是"茶陵派"著名诗人。

西湖先贤祠旧景

杭州西湖南侧水面上小瀛洲，是一个小岛，需乘坐小船，横穿西湖的碧波才可以到达。

神奇的卍字符

卍字符，是古代的一种符咒、护符或宗教标志。在美索不达米亚时期出土的陶器上已有发现，是世界性的象征符号，在中国、日本、两河流域、埃及、克里特岛、斯堪的纳维亚半岛、苏格兰、爱尔兰、俄罗斯、美洲等世界各地都有发现。

卍字符，最早是太阳或火的象征，后多为吉祥标记，表示吉祥海云、吉祥喜旋等含义。

中国境内最早的"卍"字符，可追溯到新石器时代陶器上的刻画。

九曲桥

在古印度，婆罗门教、耆那教、印度教与佛教出现后，都把"卍"作为寓意吉祥的符号，含义为"吉祥""有"。

作为佛教的吉祥标志，鸠摩罗什、玄奘将卍字符译作"德"，菩提流支译作"万"。武则天长寿二年（693），规定读音为"万"，寓意"吉祥万德之所集"。

亭的平面布局

当代学者王毅在《园林与中国文化》一书中评论："中国古典园林的景观可分为五大类，即：山水、建筑、花木、园林小品。其中每一类又可再做细致的区分，如山有峰峦、丘阜、园山、庭山、土山、石山、湖石山、黄石山之别，水有河、湖、池、泉、涧、瀑之别，建筑有楼、台、亭、堂、斋、榭、塔、廊、桥、牌坊等各种形制，花木亦有乔木、灌木、藤萝等类。这丰富的要素一方面为园林提供了目不暇接的景观，而另一方面则使它们之间的空间组合成为十分复杂的艺术。"

在所有建筑类型中，亭的平面布局最为灵活。明代造园学家计成在专著《园冶》记载："造式无定，自三角、四角、五角、梅花、六角、横圭、八角以至十字，随意合宜则制。唯地图，可略式也。"

当代学者罗哲文在《中国古亭》一文中指出："在实际的情况中，亭子的平面形式还要多得多。如像圆形、半圆形、扇面形、多角形、荷叶形、长方形、新月形等，不一而足。此外还有用各种不同的平面组合而成的形式。"

建筑中的卍字顶

"卍"字形的建筑平面和屋顶，出现较晚，数量也少。

最具有代表性的"卍"字形建筑，是北京圆明园中的"万方安和"，代表"万事如意""万寿无疆"等含义。

清代学者李斗在《扬州画舫录》一书中有对扬州诸园的记载："堂后

广厦五楹，左有小室，四周凿曲尺池，池中置磁山，别青、碧、黄、绿四色。中构圆室，顶上悬镜……是室屋脊作卍字吉祥相。"

"卍"字纹，也多用于寺院建筑的装饰纹样。"卍"字纹在园林的漏窗纹样上，富于变化、形式丰富，可组合出多种造型。

小瀛洲上的主要景观

小瀛洲上有三个主要景观：

一为三潭印月、御碑亭、我心相印亭，与对岸的雷峰塔遥遥相映，给明媚的风光更加增添了一种情趣；

二为关帝庙，供奉蜀国大将关羽。关羽作为忠义的代表，千百年来受人敬仰；

三为先贤祠区域，位于小瀛洲北端，现有九狮石、开网亭、亭亭亭、卍亭、九曲桥等景观。

小瀛洲的营建过程

小瀛洲始建于明代万历年间。万历三十五年（1607），钱塘令聂心汤取湖中葑泥，绕滩筑埂，成为湖中一个很大的放生池。岛上有一座三角亭，小巧玲珑，开网亭取"开网"放生之意，别具一格。

清雍正五年（1727），浙江总督李卫修建增建兴建亭台楼阁和九曲桥。

同治十二年（1873），曾任两江总督的晚清名臣彭玉麟在此营造退省庵，小瀛洲逐渐成为一处"湖中有岛，岛中有湖"著名的水上园林。彭玉麟为人正直，为官清廉，带兵有道，兼通书画，有颇含人生哲理的名联传世："欲除烦恼须无我，历尽艰难好做人。"

彭玉麟去世之后，退省庵敕改为彭公祠，辛亥革命后改为"浙江先贤祠"，以纪念反抗清朝的浙江文人。

卍字亭于光绪年间（1875—1908）始建，平面呈卍字形，十分奇特。

何俶塔

卍字亭造型别致，寓意万方安和、四海承平。亭内有四匾，书写内容分别为"春和""夏凉""秋爽""冬净"，悬挂四条通道之上，寓意四方祈福。

卍字亭正对花墙，中开洞门，门额为康有为题字"竹径通幽"，通闲放台与一寄楼。

今日小瀛洲

今天的浙江先贤祠区域，有九狮石、开网亭、亭亭亭、卍亭、九曲桥等，建筑虽有复建与改建，但总体格局与晚清民国时期基本一致。

与百年前的照片相比，小瀛洲上的九曲桥，虽经多次维修，但基本保持原来样貌。

先贤祠在 1959 年经过重修，基本保持原貌。

卍字亭于 1959 年被大风吹塌，2005 年按照原样重建。

北京颐和园佛香阁

四大名阁之一

193

万寿山全景

颐和园位于北京城西北，距离西直门12.5千米，是万寿山与昆明湖的总称，与苏州拙政园、承德避暑山庄、苏州留园并列为中国四大古典园林。1961年，列入第一批全国重点文物保护单位名单；1998年，列入《世界遗产名录》。

万寿山原名瓮山，颐和园原为金代行宫，元代丞相耶律楚材命由郭守敬主持开辟水源；明弘治七年（1494）孝宗乳母助圣夫人罗氏于山前建园静寺，皇室建"好山园"；清初"好山园"更名为瓮山行宫。清乾隆十五年（1750），乾隆皇帝为庆祝皇太后六十寿辰，在园静寺原址上建造大报恩延寿寺，更改山名为万寿山，改西湖为昆明湖，改瓮山行宫为清漪园。咸丰十年（1860），圆明园和清漪园被英法联军毁坏。光绪十四年（1888）重建，改名为颐和园。1924年起，辟为公园，对公众开放。

颐和园是清代北京皇家园林"三山五园"（香山、万寿山、玉泉山；静宜园、颐和园、静明园、畅春园、圆明园）的重要组成部分之一，也是最后建造的一处。颐和园占地面积约290.8万平方米，其中陆地面积75.3万平方米，约占全园面积的26%；水面积215.5万平方米，约占全园面积74%；昆明湖包括南湖、西湖、后湖。鼎盛时期，颐和园全部建筑面积7万多平方米，接近明清两代400余年所营构紫禁城建筑面积的一半。园林建筑主要集中在1886年至1894年这将近十年的时间内重建，按照传统的规划设计、建筑形式、建筑材料、工艺流程完成。建筑规模之浩大，史所罕见。

万寿山佛香阁，建造精良，后人将它与南昌滕王阁、烟台蓬莱阁、万古玉皇阁并称为"中国四大名阁"。

与百年前的照片对比，颐和园各大殿、佛香阁、众香世界、多宝琉璃塔、石舫、十七孔桥、铜牛等均保存完好。

颐和园的园林建筑

颐和园的前身，万寿山清漪园，是在自然山水的基础上建立，也是最后一座皇家园林，集中体现了中国古代造园艺术的传统与成就，是中国古代建筑的最后一座丰碑。

清漪园是三山五园中的压卷之作，一次规划、连续施工，用高阁、长廊、长堤、大岛、长桥这些大尺度观赏性强的建筑元素，构成气魄宏伟、色彩浓丽、金碧辉映的皇家宫苑，并以此在三山五园中独树一帜。清漪园是中国园林利用自然山水，源于自然而又高于自然，集自然景观和人文景观为

万寿山大殿

一体，实现建筑美与自然美融为一体的成功范例。

　　园林建筑形式具体有：殿、堂、楼、阁、亭、榭、廊、轩、楼、台、舫等。这些在颐和园中应有尽有、丰富多彩，几乎涵盖所有园林建筑类型，中心为万寿山佛香阁。当代学者统计，清漪园共有各类建筑 60 余处，具体分类有宫殿、寺庙、庭院建筑群、小园林、单体点景建筑、长廊、戏园、城关、村舍等 13 类，共有 3 000 余间。

　　从设计思路上看，颐和园体现《园冶》"虽为人作，宛如天开""巧于因借，精在体宜"的造园原则和造园手段，达到"幽、雅、闲"的意境和艺术效果。《园冶》所说的"因"，是利用园址的自然条件来设计建筑物。《园冶》中有"因者，随基势之高下，体形之端正，碍木删丫，泉流石柱，相互借资；宜亭斯亭，宜榭斯榭，小妨偏径，顿置婉转，斯谓'精而合宜'者也"。《园冶》所说的"借"，则是侧重园内外的联系。颐和园前山前湖建筑物的"雅"，与后山后湖建筑物的"幽"与"闲"，都达到完美的境界：师法自然、天人合一。

　　从深层次看，颐和园的造园艺术中，外观上的辉煌色彩、建筑与山水的协调关系等，反映了中国皇家园林特有的精神

万寿山佛香阁

万寿山众香世界

追求，体现了中国古代封建秩序、哲学思想、宗教信仰。比如中国哲学中的阴阳对比关系，就是通过合理布局山水，来达到高度和谐；宫殿建筑的组合方式，体现儒家学说中的纲常伦理；昆明湖上三座仙岛，体现道家长生不老的思想；万寿山上的寺庙，体现求佛庇护……

从细节上看，在园林建筑尺度与比例上，尤其是斗拱细部、装饰纹样、石雕手法等，基本符合清代营建法则，属同一个历史时期的风格，因此全园整体统一，和谐完美。

总体上看，颐和园衔山抱水，景观与游人构成良好的互动关系，既有江南景色的清幽，又有皇家园林的气派。

中国古典园林艺术，体现多个学科门类的综合成就，凝聚史学、文学、哲学、建筑、艺术的精华，融合了中国绘画与诗歌的意境。颐和园结合南北风格，是最具特色的皇家园林，成功展现中国皇家园林的宏大的气势。因此，乾隆有"何处燕山最畅情，无双风月属昆明"的诗句。

佛香阁

佛香阁高 41 米，八角三层四重檐建筑，位于万寿山 60 多米高的陡坡上，是万寿山上最大的一座楼阁，耸立在前山的中心部位，是全园的中心。登阁远望，全园景色尽收眼底；园内，也随处可见其雄姿。

佛香阁的形制，在建造时有重大变更。清漪园建造之初，原打算仿照杭州六和塔修建一座九层高塔，但建到八层就奉旨停工了，经过一番拆除与改建，形成现在的形制与高度。

究其原因，有很多说法：

第一种说法，认为是出于风水上的考虑。《四库全书》里收录了明末

万寿山琉璃塔

万寿山昆明湖

万寿山石舫

清初孙承泽的《春明梦余录》，此书共七十卷，体例似政书与方志，主要记载明代北京情况，内有"京师西北隅不宜建塔"的断言。

第二种说法，认为是景观组合的原因，此处建造高塔，与万寿山的山形地势，以及中轴线其他建筑群在比例上很不协调。具体说，从整体布局上来看，玉泉山上已有高塔，万寿山上再建高塔，显得单调重复；从与万寿山比例看，小山之上建造高塔，比例不协调；从与周边建筑的整体和谐看，也很突兀。

第三种说法，认为是雷击倒塌，乾隆认为高塔冒犯了天威。

不管怎样，最终层数减少，改塔为阁。于是，这座金光灿灿的巨阁，巍然屹立于20米高的四方石台基之上。台基之下，是八字形蹬道；台基之上，是花纹精美的束腰须弥座，用巨大的汉白玉石通体雕制而成。

阁内，8根坚硬的铁梨木通顶承重。铁梨木为拼接而成，但外观上又毫无拼接痕迹，反映了古代造园工匠的高超手艺。

屋顶为黄绿色的琉璃瓦，精致典雅，计有35种，10万多件，规格尺寸不一，组装瓦件严丝合缝，精确到位。

总体看，建筑技术精湛，修造水平杰出。

建造之初，佛香阁是大报恩延寿寺的一部分。大报恩延寺的总体布局为：第一进为天王殿、钟楼、鼓楼；第二进为大雄宝殿，供三世佛，东配殿"真如殿"，西配殿"妙觉殿"；第三进多宝殿，供旃檀古佛；第四进佛香阁，供大悲菩萨；第五进智慧海、众香界。

咸丰十年（1860），清漪园大报恩延寿寺中大雄宝殿被英法联军毁坏。光绪十四年（1888）重建时，在原大雄宝殿遗址上改建成排云殿，后成为慈禧太后举行万寿庆典接受贺拜的场所。这次调整，不违背总体规划，没有改变大报恩延寿寺依山爬升的殿座叠落布局，保留了原有建筑群的磅礴气势。

颐和园长廊

"廊"，依托于园林，有数千年历史。颐和园长廊，是天下最著名的长廊。

作为皇家园林，颐和园拥有中国古典园林中长度最长的长廊，位于万寿山南麓与昆明湖北岸之间，全长728米，共273间，有548根柱子。

颐和园长廊，形制为双面空廊，有弯有直，整体走向依昆明湖北侧岸边形状而变，连接园内各处大大小小的亭、台、楼、阁、馆、轩、舫、榭，增强了建筑群的整体性，同时也使得湖山之间的关系变得更加密切，景观环境更加丰富。长廊穿越山水，体现了中国造园理论中"围而不隔，隔而不断"的意趣。

颐和园长廊，在排云门前东西两侧，分为东西两段，各间有两座八角重檐亭：东段为寄澜亭与留佳亭，两亭之间南部为水榭"对鸥舫"；西段为秋水亭与清遥亭，两亭间南部为水榭"鱼藻轩"。

长廊整体为四檩卷棚顶，下架为梅花方柱，柱头上为四架梁、托月梁、双脊檩。长廊内外檐的每根梁枋上都有苏式彩绘，共计 14 000 多幅。彩绘内容，历史上变化较多，最初多为祈福祝寿，后逐渐丰富多样化，并倾向于民俗，包括自然风景、人文风光，以及花卉与神话与小说人物。颐和园长廊的装饰绘画艺术，于 1990 年收入《吉尼斯世界纪录大全》。

值得一提的是，位于十七孔桥边上的廓如亭，亭体舒展稳重，八角重檐，由内外三层 24 根圆柱与 16 根方柱支撑，面积 130 多平方米，是中国最大的亭。

日本学者常盘大定百年前的考察报告

常盘大定认为：

全园山有五分之一，水则占五分之四。园内宫殿建筑伟大精巧，风景明丽，是展现东方美之代表。以山为中心，全园可分为四部分。

他记录山东部为：

自园门西行，南有仁寿殿。仁寿殿原名勤政殿，清高宗曾在此听政，榜曰"大圆宝镜"。北有德和园，内有剧台颐乐院，系帝、后观剧之所。稍西有玉澜堂、宜艺馆。濒湖有藕香榭、夕佳楼。稍西有乐寿堂，清慈禧太后曾居此，东室为佛堂。庭前有大石屏一座，雕刻有海浪，下以大石承托。石为明代米万钟之遗物。

万寿山龙王岛

万寿山铜牛

其上镌乾隆帝御制诗。东北隅为景福阁，旧名昙花阁，南向，周环以回廊。阁东有谐趣园，周边有涵远堂、知春堂、胜新楼。楼北有小瀑布，石上镌有慈禧太后所书"泉流不息"等字。又有澄爽斋、饮渌亭、洗秋亭、知鱼桥、霁清轩、清琴峡等诸胜。谐趣园通德和园路上有赤城霞起、紫气东来等处，均为城阙式建筑。

他记录园南部为：

　　自乐寿堂往西，循长廊周边。长廊起自东邀月门，西止石丈亭，凡二百七十三间。排云殿居中，东有留佳亭、对鸥舫、寄澜亭，西有秋水亭、鱼藻轩等。山有含新亭，西为养云轩、福荫轩、意迟云在、无尽意轩、圆朗斋、写秋轩、重翠亭、介寿堂。介寿堂改建自慈福楼，庭中有连理柏、紫玉兰各一株。自此向西有排云殿。此全园景胜之处，前有宏伟庄严之牌楼，有圆静寺遗址，廊内有碑亭，藏乾隆书题五百罗汉堂记、平定准噶尔碑文。殿后拾级而上有佛香阁。佛香阁系全园最高处，阁内奉祀有接引佛。阁东稍下处有转轮藏，西稍下处有宝云阁，内有铜铸佛像。昔日每逢朔望喇嘛诵经之所在。阁后有众香世界。

山西部为：

　　清华轩、邵窝、云松巢、贵寿无极。又西有听鹂馆，内有戏台，系昔日嫔妃住所。北有画中游、湖山真意，西侧临湖有石丈亭。亭外屹立水中有石舫，游船汇集此处。经寄澜堂、临河殿、延赏楼再向西行，度过荇桥有迎旭楼、澄怀阁。

山北部为：

　　最高处为智慧海，在佛香阁之上，俗称无量殿。殿全以砖石砌筑，外饰以琉璃砖，砖上皆嵌佛像。上右为云会寺，左为香岩宗印阁、须弥灵境、苏州街、善现寺。宗印阁内有自延寿寺所移来之铜铸三世佛及十八罗汉。东为花承阁，有琉璃多宝塔。西为香嵓堂、清可轩、赅春园、味闲斋。临河有绮望轩，轩下有石洞。山四周景物至此而尽。

扬州五亭桥

中国最美的桥

扬州瘦西湖，以"园林之盛，甲于天下"著称，总面积2 000亩，包括水上面积700亩。隋唐时期已经初具规模，基本格局形成于清代康乾时期。1988年，瘦西湖被国务院列为"具有重要历史文化遗产和扬州园林特色的国家重点名胜区"；2010年被授予国家AAAAA级旅游景区；2014年，作为"中国大运河"遗产点之一，被列入《世界遗产名录》；2021年，瘦西湖景区列入第一批国家级文明旅游示范单位名单。

瘦西湖水道之上的五亭桥是中国古代十大名桥之一，不仅是瘦西湖的标志，也是扬州城的标志。瘦西湖园林群里的白塔，也是清代的古建筑。

2006年，五亭桥（正式名称为"莲花桥"）与白塔一起，被公布列入第六批全国重点文物保护单位名单。

烟花三月下扬州

扬州，首批国家历史文化名城，自公元前486年建城，至今已有2500年历史。春秋时，吴国雄踞于此，为准备伐齐，吴王夫差开邗沟、筑邗城，拉开了大运河与扬州城千年历史的序幕。当时称"邗越"，秦汉时称"广陵""江都"等，自古有"淮左名都，竹西佳处"之称，自隋开皇九年（589）始称"扬州"；唐武德八年（625），定名为"扬州"至今。

扬州位于长江北岸、江淮平原南端，地处长江与京杭大运河交汇处，境内多丘陵、浅水湖荡，水运发达，是"中国运河第一城"；气候上，属于亚热带季风性湿润气候向温带季风气候的过渡区，四季分明，日照充足，雨量丰沛。

西汉中叶，扬州人口渐多，经济鼎盛，贸易频繁；到隋唐宋时期，扬州进一步成为东南地区财富的集散地和全国经济重心之一，商贾云集，国际贸易远及阿拉伯地区。文化上，唐代高僧鉴真大师就是从扬州出发东渡日本。

唐朝诗人李白、高适、王昌龄、温庭筠、孟浩然、李绅、白居易、韦应物、刘禹锡、刘长卿、张祜、皮日休、陆龟蒙、杜荀鹤等，都在扬州留下足迹，并且纷纷一反诗句的含蓄传统，不吝用直白的诗句夸赞扬州，似乎人生理想就是"腰缠十万贯,骑鹤下扬州"。难得的是,一向严谨的杜甫,也写下《解闷十二首·其二》:"商胡离别下扬州,忆上西陵故驿楼。为问淮南米贵贱,老夫乘兴欲东流。"

"二十四桥明月夜,玉人何处教吹箫""天下三分明月夜,二分无赖是扬州",这些脍炙人口的诗句,反映出扬州悠久的历史、璀璨的文化与昌盛的市肆。

自隋朝起,扬州就常常成为帝王临幸之地,清朝康熙帝和乾隆帝都曾六次南巡,驻跸扬州,留下众多的离宫别馆、亭台楼阁。因政治经济文化,得天时地利人和,使得扬州在建筑风格上既有北方之雄,又有南方之秀。

唐代诗人姚合所写《扬州春词三首·其一》,描述了扬州的自然与人文景观:"广陵寒食天,无雾复无烟。暖日凝花柳,春风散管弦。园林多是宅,车马少于船。莫唤游人住,游人困不眠。"

明清时期,扬州又一次迎来城市的繁荣,成为整个中国乃至东亚地区资本财富最为集中的地区,也是资本规模最大的金融中心。

扬州最美的季节,是农历三月。"故人西辞黄鹤楼,烟花三月下扬州。孤帆远影碧空尽,唯见长江天际流。"唐代大诗人李白的《黄鹤楼送孟浩然之广陵》,道尽了人人心中所想。

东南形胜,各有千秋。清代文人李斗在《扬州画舫录》评价说:"杭州以湖山胜,苏州以市肆胜,扬州以园亭胜,三者鼎峙,不分轩轾。"进而认为"扬州以名园胜,名园以叠石胜"。个园、何园、冶春园,奇巧的假山,玲珑满园。假山在飞檐翘角下,与山水相依,其堆叠之精、构筑之妙,无不登峰造极。

扬州人文荟萃,历史文化积淀深厚,因此,扬州园林的人文精神尤为特出,其园林之胜,胜在源远流长的人文景观,胜在自然山水与人文传统的有机结合。现代著名学者钱穆先生指出,人文传统是与自然条件紧密相联的:"中国人之宫室庭园,家屋居住,莫不有人文精神寓其内……中国之名山大川,古迹胜地,亦皆人文化。不深入中国之人文传说,而漫游中国之山川胜地,斯亦交臂失之。"

瘦西湖

位于江苏省扬州市西北部的瘦西湖，原名"保障湖"，因湖面瘦长，清代改称"瘦西湖"。

乾隆年间，钱塘人汪沆到此游览，饱览美景，赋诗写道："垂杨不断接残芜，雁齿红桥俨画图。也是销金一锅子，故应唤作瘦西湖。"瘦西湖因此得名。清初吴绮《扬州鼓吹词序》记载："城北一水通平山堂，名瘦西湖，本名保障湖。"

瘦西湖水系纵横，与大运河水源互通。一湖碧水，窈窕曲折，大致呈直角状，从而形成带状景观。

瘦西湖自隋唐以来，历代营建，形成长堤春柳、荷蒲熏风、松柏竞翠、四桥烟雨、白塔晴云和水云胜概等主要景区。如今湖边的各个景点，如徐园、小金山、钓鱼台、五亭桥、二十四桥、玲珑花界、熙春台、望春楼、凫庄、万花园等名园胜迹，犹如秀美的国画长卷，在游人的脚步下徐徐展开。

清代，魏源观此青山绿水、白塔红桥，认为再现了北宋汴京的景象："湖外青山山外湖，人言此地旧蓬壶。不知白塔红桥景，可似清明上河图。"

五亭桥

作为历史悠久的风景名胜，瘦西湖最具代表性的是以五亭桥为中心的"四桥烟雨景区"。五亭桥，正式名称为"莲花桥"，建于清乾隆二十二年（1757），是亭与桥结合的典范，不仅是瘦西湖的象征，也是扬州古典建筑的标志。

五亭桥的建造，起因于乾隆帝下江南。为迎奉乾隆帝第二次南巡，巡盐御史高恒一方面疏浚法海寺门前的莲花梗，贯通了从天宁寺行宫到平山堂的水路，形成水上御道；另一方面在河上建起莲花桥，构建水路立体交通。

五亭桥

关于"莲花桥"的得名，历来有两种说法：一是此地原为莲花埂，二是桥的平面呈盛开的莲花状。最终，因桥上建有五座亭子的独特造型，称为"五亭桥"。

其实，扬州五亭桥借鉴了北京北海的五龙亭与北海大桥。

北京北海的五龙亭是五个临水而建的方亭，前后错落布置。五亭之间由石梁桥与白玉石栏杆相连，中间三亭又分别有三座单孔石桥连接湖岸，整体上状若游龙，故称龙亭。五亭绚丽多彩，金碧辉煌，左右对称。五龙亭中间亭子最大，称龙泽亭，重檐攒尖顶，下檐方，上檐圆，寓意"天圆地方"；东侧两亭为重檐的澄祥亭与单檐的滋香亭；西侧两亭为重檐的浮翠亭与单檐的涌瑞亭。

扬州五亭桥因水面狭窄，工匠巧妙地将亭与桥结合设计为亭桥，五亭群聚于一桥。五亭桥初建时的外形，与今天所见不同。据《南巡盛典名胜图录》和《江南园林胜景》图中显示，当时桥上是五个单独的亭子，中为重檐六角大亭，四角为单檐、圆攒尖顶式小亭，五亭之间不设廊。

五亭桥建立后的岁月，扬州人民每年端午节在五亭桥下举行龙舟竞渡。晚清名士徐兆英在《扬州竹枝词》记录道："赌夺锦标在何处？五亭桥下水晶宫。"

清咸丰六年（1856），五亭桥上的五亭毁于兵燹，所幸桥基得以保存。

五亭桥上无五亭，这样的情况，直到1882年或1883年间才有所改观。1883年7月9日，《申报》刊登《竹西碎录》称："广陵二十四景乃纯庙南巡时临幸之地也。……如平山堂、观音山已复旧观。小金山自去秋开工，今已告成。又重建法海寺及莲花桥。此桥揽一湖之胜，以白石筑成桥门二十有四。游船迂回其中，如蚁穿珠。桥上有亭五，故又名五亭桥。兵燹后五亭尽毁，惟桥则依然如故。"此次修建后，五亭桥是五个独立的四方亭，有短廊相接，整体上更加秀丽。

到了1925年前后，五亭桥日渐残破；1927年亭桥崩角，仅剩三座亭子；1932年再建，亭顶改用黄色琉璃瓦，柱用朱漆，显得画梁雕栋、轻灵秀美，奠定今日所见面貌；此后，经多次修缮，1980年桥台水下部分加固为混凝土块石基础。

如今，五亭桥南北跨于瘦西湖上，全长近 58 米，五亭均为四角攒尖的顶盖分布，中高旁低，错落有致，众星拱月。中间一座重檐大亭，四面单檐翼亭。五个桥亭对称布置，金碧辉煌。五亭典雅秀丽，黄瓦朱柱，白色栏杆，亭内则是富丽堂皇的彩绘藻井。秀丽的桥亭，与雄健的桥基，有机融合了南秀北雄的特点，充分展现了扬州南北兼容的地域文化特征。主桥为单曲拱桥，中心桥孔跨度为 7.13 米，旁构四翼，每翼各有三个半拱的桥洞，连同引桥两个扇形桥洞，共有 15 孔，泛舟桥下，可见孔孔套连，孔孔相通，月满时每洞各衔一月，15 个圆月在湖水中争相辉映，也为扬州赢得了"月亮城"的美誉。"天下三分明月夜，二分无赖是扬州"，中秋之夜，扬州人人争睹。正如清人黄惺庵《望江南·扬州好·五亭桥》所写："扬州好，高跨五亭桥。面面清波涵月镜，头头空洞过云桡。夜听玉人箫。"

五亭桥，酷似湖上的一根腰带，其造型与建造技巧，都是一绝。著名桥梁专家茅以升教授曾评论道："中国最古老的桥是赵州桥，最壮美的桥是卢沟桥，最秀美的、最富艺术代表性的桥，就是扬州的五亭桥了。"

园林大师陈从周在《说园》中评价："瘦西湖五亭桥与白塔是模仿北京北海大桥，五龙亭及白塔，因为地位不够大，将桥与亭合为一体，形成五亭桥，白塔体形亦相应缩小，这样与湖面相称了，形成了瘦西湖特征，不能不称佳构，如果不加分析，难以想象是一个北海景物的缩影，做得十分'得体'。"

与五亭桥同样出名的是位于五亭桥之西的"二十四桥"。由此向北，水路可直达蜀冈。唐代诗人杜牧的名诗《寄扬州韩绰判官》"青山隐隐水迢迢，秋尽江南草未凋。二十四桥明月夜，玉人何处教吹箫"，让"二十四桥"扬名天下。不过，"二十四桥"究竟是一座桥的名称，还是真有 24 座桥，历史上一直有争议。南宋词人姜夔的《扬州慢》，也是脍炙人口的杰作，其中也记述了"二十四桥"："淳熙丙申至日，予过维扬。夜雪初霁，荠麦弥望。入其城，则四顾萧条，寒水自碧。暮色渐起，戍角悲吟。予怀怆然，感慨今昔，因自度此曲。千岩老人以为有黍离之悲也。淮左名都，竹西佳处，解鞍少驻初程。过春风十里，尽荠麦青青。自胡马、窥江去后；废池乔木，犹厌言兵。渐黄昏、清角吹寒，都在空城。 杜郎俊赏，算而今、重到须惊。纵豆蔻词工，青楼梦好，难赋深情。二十四桥仍在，波心荡、冷月无声。念桥边红药，年年知为谁生。"

法海寺

紧邻五亭桥南端的法海寺，又名莲性寺，始建于元至元年间（1264—1294），历史上不断得到修缮。郑板桥在《法海寺访仁公》有"参差楼殿密遮山，鸦雀无声树影闲。门外秋风敲落叶，错疑人叩紫金环"的诗句，反映出法海寺远离尘世，静谧安宁。

清康熙二十七年（1688）夏，孔尚任多次访问法海寺，作《法海寺楼上坐眺》一诗："雪消蜀岭寺犹寒，尽敞寒阑放眼宽。修竹偏宜沿路种，遥山不似隔江看。寻思兴废闲吟足，爱惜晴春偶步难。溪上游人惊小队，风流那是马牛官。"他把法海寺与平山堂、观音阁、虹桥并称为扬州北郊四大名胜。

法海寺白塔，仿北京北海白塔而建，喇嘛式塔，塔高30余米，砖石雕花方形塔基，塔身梅瓶状，顶覆华盖，上为葫芦形铜顶。清代罗聘所辑《扬州古迹题咏记》中"莲性禅寺"条记载："塔身中空，供白衣大士像。"

清代《述异记》有"一夜造白塔"的传说："乾隆间，帝南巡至扬州，其时扬州盐商纲总为江姓，一切供应皆由江承办。一日帝幸大虹园，至一处，顾左右曰：'此处颇似北海之琼岛春阴，惜无喇嘛塔耳。'纲总闻之，亟以万金贿帝左右，请图塔状，盖南人未曾见也。既得图，乃鸠工庀材，一夜而成。"传说中，盐商根据北京白塔的图样，用盐包堆砌，表面为纸扎，一夜之间制作而成。

当代学者考证，法海寺白塔始建于清乾隆二十一年（1756），次年建成。建塔，是为了迎接乾隆第二次南巡。

法海寺作为禅宗寺院，并不适合建喇嘛式塔，但乾隆笃信藏传佛教，建造法海寺白塔，深层目的是促进藏传佛教在江南地区的传播。

法海寺白塔

蜀冈平山堂

　　蜀冈风景区由东峰、中峰、西峰组成，东峰、中峰有千年古刹大明寺、观音禅寺，更有平山堂、谷林堂、欧阳祠、鉴真纪念堂等人文景观，西峰自然风光秀丽。

　　平山堂位于大明寺内，始建于宋仁宗庆历八年（1048），为时任扬州

扬州蜀冈远景

扬州平山堂门

知府欧阳修所建。平山堂环境清幽古朴，堂上所见山峰似与堂平，因而得名。欧阳修常常携友来此聚会，饮酒赋诗，他写下词作《朝中措·送刘仲原甫出守维扬》："平山阑槛倚晴空，山色有无中。手种堂前垂柳，别来几度春

扬州平山堂内部

扬州平山堂欧阳修像

扬州平山堂法净寺大雄殿

风。 文章太守，挥毫万字，一饮千钟。行乐直须年少，尊前看取衰翁。"

宋元丰二年（1079），苏轼自徐州移知湖州，路过扬州。这是他第三次登临平山堂，作《西江月·平山堂》："三过平山堂下，半生弹指声中。

扬州平山堂法净寺唐鉴真和尚遗址建碑式

扬州平山堂法净寺唐鉴真和尚遗址碑

《重修平山堂记碑》拓本

扬州天宁寺大殿前景

扬州天宁寺大殿

扬州天宁寺石造五具足

十年不见老仙翁，壁上龙蛇飞动。欲吊文章太守，仍歌杨柳春风。休言万事转头空，未转头时皆梦。"

清帝乾隆六次南巡，每次必到平山堂，瞻仰欧阳修和苏东坡的遗迹，并作《自高旻寺行宫再游平山堂，即景杂咏六首》之三："春风行馆憩天宁，早见平山黛色青。便进湖船漾新碧，且看夹岸画为屏。"

后人以"平山堂"为景区名，包括西园、天下第五泉、谷林堂、乾隆御碑等。

文渊阁

紫禁城内的皇家藏书楼

北京故宫的历史，可以追溯到元世祖忽必烈在此建造大内宫殿。明洪武元年（1368），原有宫殿被拆毁。永乐四年（1406），开始营造北京宫殿，后曾一度停止。永乐十五年（1417），开始大规模建造，到永乐十八年（1420）年底，基本建成。

此后，北京故宫是中国明清两代的皇家宫殿，旧称紫禁城，位于北京中轴线的中心。

北京故宫是世界上现存规模最大、保存最为完整的木质结构古建筑之一。目前是国家AAAAA级旅游景区，第一批全国重点文物保护单位之一；1987年，北京故宫被列入《世界遗产名录》。世界遗产组织对故宫的评价是："紫禁城是中国五个多世纪以来的最高权力中心，它以园林景观和容纳了家具及工艺品的9 000个房间的庞大建筑群，成为明清时代中国文明无价的历史见证。"

紫禁城远景（从景山眺望）

故宫建筑

故宫东西宽753米，南北长约961米，面积72万多平方米。城墙高10米，外层包砌澄浆砖，内为夯土。墙外，有宽52米的护城河。四面各有一座门，南为午门、北为玄武门（清康熙年间改称神武门）、东为东华门、西为西华门。

故宫整体布局南北取直，左右对称，严格地按《周礼·考工记》中"前

朝后市，左祖右社"的帝都营建原则建造。在建筑布置上，用封建社会的等级制度，以形体变化、高低起伏等手法组合成一个整体。这条中轴线，规划完整，气魄宏伟，也是贯穿北京城的中轴线：南达永定门，北到鼓楼和钟楼。

紫禁城内，分为外朝、内廷两大部分。外朝以前三殿（太和殿、中和殿、保和殿）为中心，东有文华殿，西有武英殿，为中心区两翼，是举行典礼和政治活动的地方。内廷部分，从乾清门开始，包括中轴线上的后三

正阳门

天安门

午门

中华门

西华门

太和门

太和殿

中和殿

保和殿

武英殿

宫（乾清宫、交泰殿、坤宁宫）、御花园，以及东、西六宫等，是皇帝办事与居住的地方，也是后妃、太后、太妃、皇帝幼年子女居住的地方。

北京故宫以三大殿为中心，占地面积约 72 万平方米，建筑面积约 15 万平方米，有大小宫殿 70 多座、院落 90 多座、房屋 980 座。

与百年前的照片相比，宫城城墙、城门和城内宫殿群建筑都得到妥善保护，历年维修，整体保存完好。中华门（大清门），于 1959 年拆除。

文渊阁

明代文渊阁共有三处：南京一处，北京两处，一在东华门内阁，一在西苑。三处文渊阁，先后毁于火灾。

清朝文渊阁的位置，明代是祀先医之所的圣济殿。清朝文渊阁建成于清乾隆四十一年（1776），位于北京紫禁城文华殿后，是清代皇家藏书楼。

文渊阁与位于圆明园北区的文源阁、位于承德避暑山庄的文津阁、沈阳故宫的文溯阁，合称"北四阁"，都是皇家藏书楼，其建筑规制、建筑功能和理念都模仿宁波天一阁而建成。

文渊阁面宽 33 米，进深 14 米，面阔 6 间。不同于天一阁的上下两层布局，文渊阁的布局是"明二暗三"，即外观看上去重檐两层，实际内部全阁共有上、中、下三层，中层是利用上层楼板之下的腰部空间，暗中多建的夹层。西尽间，设楼梯连通上下。

值得一提的是，文渊阁在梢间构一楼梯间，横广约为半间，以符"六成"之义。民间流传故宫内房共有 9 999 间半，这半间就是文渊阁梢间的楼梯间。这也是仿照了宁波范氏天一阁的布局而成。

藏书楼，最需要注意防火。文渊阁的防火理念，体现在多处。

一是建筑物色彩。

紫禁城中金碧辉煌的宫殿楼阁随处可见：屋顶铺设黄色的琉璃瓦，墙壁刷成砂红色，柱窗更是朱砂红。

文渊阁的屋顶，采用黑色的琉璃瓦件，用绿色琉璃镶檐头，做成"绿剪边"。正脊为绿色，配以紫色琉璃游龙，再镶上白色线条的花琉璃。几

文渊阁

种冷色的花琉璃，象征海水碧波，寓意五行中黑色主水，以水压火，构成静穆气氛，整体色调深沉雅致，确保藏书楼的安全。

二是建筑装饰色彩。

文渊阁建筑装饰和油漆彩画以冷色为主。两侧山墙，青砖砌筑，简洁素雅。前廊设回纹栏杆，檐柱为深绿色，檐下倒挂楣子，配以清新的苏式彩画，内容为河马负图和翰墨册卷。

三是加入真水元素。

阁前凿一方池，引入金水河水。池上架石桥一座，石桥和池子四周栏板都雕有水生动物图案。

阁后及西侧，堆砌太湖秀石，势如屏障，既深壑平远又玲珑翠秀。山石之间，遍植有苍松翠柏，茂密成荫。人行小径，以杂色卵石乱砌。

阁内布局，一层为讲经筵之处，中间设有皇帝宝座。二层中部三间，与一层相通，四周铺设楼板，放置书架；二层为暗层，光线弱，用于藏书；三层除西尽间为楼梯间外，其他五间连通，宽敞明亮，放设书架，还设有御榻。清乾隆后期，除了皇帝来这里读书外，也允许臣工和学士来此查阅图书。

清代，文渊阁内藏有《古今图书集成》与《四库全书》。

《古今图书集成》原名《古今图书汇编》，是一部大型类书，陈梦雷（1650—1741）编纂，从康熙四十年（1701）开始编纂，到雍正六年（1728）印制完成，历时28年，共分6编、32典、6 117部、5 020册，合计1.6亿字，采集广博，图文并茂，是现存规模最大、资料最丰富的类书。

《四库全书》是清朝乾隆帝命纪晓岚等360多位学者编撰而成的大型丛书，分经、史、子、集四部，故名"四库"。朝廷专门设立了"四库全书馆"，由乾隆第六子永瑢负责。据文津阁藏本统计，共收录3 462种图书，共计79 338卷，36 000余册，约8亿字。文渊阁《四库全书》全部用朱丝栏白榜纸抄写，丝绢作书皮，经部书用褐色绢，史部书用红色绢，子部书用黄色绢，集部书用灰色绢。书成后，共缮写4份，分别收藏于紫禁城文渊阁、圆明园文源阁、避暑山庄文津阁、沈阳故宫文溯阁。后来，浙江杭州文澜阁、江苏扬州文汇阁、镇江金山文宗阁分缮三部收藏，因此合计共有7份抄本。

景山

北海

日本学者常盘大定百年前的考察报告

常盘大定记载如下：

故宫殿宇众多，万户千门，不易悉知。执事者因区分为五路，即中路、内东路、外东路、内西路、外西路。

他这样描写外东路：

旧统名宁寿宫。所占之地，约当内廷宫殿四分之一。规模俱仿内廷。具各正宫正殿，前为皇极殿，制如乾清宫。前为皇极门，门前有九龙壁；后为宁寿宫，制如坤宁宫。宁寿宫内，东置铜壶滴漏，西置自鸣钟，中间为宝座。北为养性殿，制如养心殿。又北有乐寿堂，后有颐和轩、景祺阁。乐寿堂之东有畅音阁，甚宏丽。西南隅有文渊阁，极西南隅有清史馆。是为外东路。现在，文渊阁内有《四库全书》一百零三架，《古今图书集成》十二架。

湖州守先阁

晚清藏书楼

233

守先阁位于浙江湖州，是陆心源的藏书楼之一。潜园为晚清藏书家陆心源于清光绪初年所建园林式住宅，原有四海精舍、五石草堂、守先阁、皕宋楼、十万卷楼等建筑景观，守先阁、皕宋楼、十万卷楼为藏书楼，所藏宋元明版书籍甚丰。

抗日战争时期，潜园中建筑多半损毁。

潜园经过近年来重修，建筑样式有所改观。与百年前的老照片相比，守先阁之景，已有改变。目前为省级文物保护单位。

湖州的藏书传统

湖州是"藏书之乡"，历史上曾经称为"吴兴郡"，虽然在中华文明历史长河中是一个后起的州郡，但在中国藏书活动的版图上却是地位显赫的重镇。

从南北朝时期"开浙江收聚之先声"的沈约（441—513）开始，历经1500余年间，湖州的藏书名家位居全国第四。

西晋末年"永嘉之乱"后，中原名门望族如王羲之、殷康、王献之、谢安、谢璞等先后被委为吴兴太守，明显促进文化发展。吴兴望族的武康沈氏家族中沈亮、沈士，都抄藏图籍数千卷。沈约的藏书2万卷，已经达到国家藏书的数量。

宋代，湖州经济、社会发展迅速，蚕桑丝绸业持续发展，为源远流长的私家藏书创造了条件。同时，著名教育家胡瑗在湖州先后创建府学、县学，其所创教学法，被朝廷取为太学法，称"湖学"。这个时期，湖州新建著名园林数十处，叶梦得、贺铸藏书多达10万册。藏书文化形成。

元代，赵孟頫藏书数万卷。

明清两朝，"湖丝甲天下""湖学之盛，东南鲜伦""学校人才之盛，称于历代"。尤其是明朝后期开始，湖州印刷出版业发达，出现"湖贾"贩书业，更为私家藏书提供了方便。到清代，湖州藏书文化进入鼎盛时期，藏家大多拥有数千卷至十万余卷，部分还开放给学者登览。

湖州守先阁

北京国子监彝伦堂

千年湖州藏书，历经承平盛世，也遭遇兵燹损毁。藏书的难度在于，千年珍藏，或可毁于一旦。

藏书家陆心源

陆心源（1841—1894），字刚甫，晚号潜园老人，资质过人，精通古籍版本目录学、金石学、校勘学等。因仰慕顾炎武的学问人品，自题堂名"仪顾"。

清咸丰九年（1859），陆心源中举人，曾在广东、直隶、福建等地为官。晚年回湖州月河街故第后，在城东莲花庄北营建"潜园"，潜心藏书著述，多有出资建桥、修复书院、建善堂、兴义学，捐书、赈助难民等善举。

陆心源所藏图书

陆心源所藏图书，多达 20 万册，在潜园中分三处存放：

守先阁，相当于普通部，接待本地外地学子，还给外地学子提供食宿，此举有力地推动了浙江公共图书馆事业的兴起；而皕宋楼、十万卷楼，相当于善本部，只对学者开放。

守先阁，收藏明人集部文献；"皕宋楼"是清末四大藏书楼之一，其名源自所收藏的号称200册宋版书，是以北宋刊本7部、南宋刊本114部为代表的宋元善本；"十万卷楼"，则专藏明以后精本，如5 800多种四库存目书及道藏、明季野史等《四库全书》未收入的书籍、名人著述稿本和名人钞校本。

可惜的是，陆心源的主要藏书在其去世后，被其一子于清光绪三十三年（1907）售与日本静嘉堂文库。

潜园与文化名人

潜园初建时，整个花园布局十分规整，随处可见小桥流水、假山亭台。有"守先阁""四海精舍""五石草堂"等16景。可惜抗日战争时期，大部分建筑被毁。

当时，一代名儒俞曲园和陆心源交往密切，在陆心源去世后还作过墓志铭；近代著名书画家吴昌硕，早年曾在湖州陆家帮助整理文物，为陆氏刻过一枚"十万卷楼"的藏书章；如今，"潜园"大门东侧青瓦粉墙上这两个大字，为著名园林专家陈从周所题。

晚清四大藏书楼

私家藏书在清朝达到鼎盛，有文献记载的藏书家2 082人。其中，常熟瞿氏铁琴铜剑楼、聊

曲阜孔庙奎文阁

城杨氏海源阁、杭州丁氏八千卷楼、归安陆氏皕宋楼，并称"晚清四大藏书楼"。

位于江苏常熟的铁琴铜剑楼。建楼之初，第一代主人瞿绍基（1772—1836）命名为"恬裕斋"。绍基之子瞿镛继承藏书楼后，珍藏铁琴一张、铜剑一把，故更名"铁琴铜剑楼"。藏书达10余万卷。后经几代人相继守护，最终大部分藏书分批捐献给了北京图书馆。

山东聊城的海源阁。第一代主人杨以增（1787—1856）为官清廉，林则徐称其"乃圣贤门中人也"。杨以增在各地任职期间广为收集珍本书籍，后又经杨绍和、杨保彝、杨敬夫四代人的努力，前后长达百余年。清末时，海源阁藏书已达3 236种，共计208 300多卷。可惜多次遭匪患劫掠焚毁，后又被杨敬夫出售换钱，最终阁毁书散，书去楼空。

浙江杭州的八千卷楼。丁氏藏书开始于丁国典，后丁申（1824—1887）、丁丙（1832—1899）兄弟积20年时间苦心经营，保存和抄补杭州文澜阁《四库全书》散出之书。丁氏藏书有8 000卷，明人著作多。丁氏藏书，现完好保存于南京图书馆。

保定莲池书院

图书在版编目(CIP)数据

亭台楼阁：千姿百态的俊美 / 康桥编著. —上海：
上海辞书出版社，2023
（古迹寻踪丛书）
ISBN 978-7-5326-6027-8

Ⅰ.①亭… Ⅱ.①康… Ⅲ.①楼阁-介绍-中国②散
文集-中国-当代 Ⅳ.①K928.74②I267

中国国家版本馆 CIP 数据核字(2023)第 016155 号

古迹寻踪丛书

亭台楼阁：千姿百态的俊美

康 桥 编著

策划统筹	朱志凌	**题 签**	邓 明
责任编辑	朱志凌	**篆 刻**	潘方尔
	李婉青	**整体设计**	零贰壹肆设计工作室
技术编辑	楼微雯	**插图绘制**	蒋欣怡

出版发行	上海世纪出版集团 上海辞书出版社(www.cishu.com.cn)
地 址	上海市闵行区号景路 159 弄 B 座(邮政编码：201101)
印 刷	浙江经纬印业股份有限公司
开 本	787 毫米×1092 毫米 1/16
印 张	15 插页4
字 数	223 000
版 次	2023 年 4 月第 1 版 2023 年 4 月第 1 次印刷
书 号	ISBN 978-7-5326-6027-8/K·1238
定 价	74.80 元

本书如有质量问题,请与承印厂联系。电话：0576-83170033